Bärlauch & Knoblauch

Claudia Boss-Teichmann
Thomas Richter

GARTEN-FIT

- Sammeln und Anbau
- Fitness und Gesundheit
- Feine Rezepte

Ulmer

Inhalt

Sammeln und Anbau

Inhalt

Fit und Gesund

Gesund mit
Bär- & Knoblauch

Die heilenden Wirkungen von Bärlauch und Knoblauch sind nicht nur historisch belegt, sondern in den letzten Jahren genau erforscht und bestätigt worden.

Kochen mit
Bär- & Knoblauch

Das würzige Aroma des bewährten Knoblauchs und des zarten, frischen Bärlauchs passt zu vielen internationalen Gerichten.

Feine Rezepte

Bezugsquellen

Auf der Suche nach Bärlauch und Knoblauch für den Garten oder nach Lauchprodukten? Die richtigen Ansprechpartner finden Sie hier.

Register

Schnell gefunden: Ob Gartentipp oder Inhaltsstoff – die wichtigsten Informationen von A bis Z.

Die Powerpflanzen

Der aus südlichen Gefilden stammende Knoblauch ist bei Hobbygärtnern schon lange kein Unbekannter mehr. Sein wilder Verwandter dagegen, der Bärlauch, ist als Gartenpflanze und Küchenkraut erst im Kommen. Beiden gemeinsam ist: Sie sind leicht zu kultivieren, als Heilpflanzen hochwirksam und vielseitig in der Küche verwertbar.

Beim Waldspaziergang im April kann man auf die ersten Bärlauchpflanzen stoßen. Ihre länglichen Blätter wachsen unter Laubbäumen und sehen aus wie ein hellgrüner Teppich auf dem braunen Waldboden. Im Mai bilden sie dann weiße, sternförmige Blüten aus. Der Bärlauch ist einer der ersten Frühlingsboten und macht nach den grauen Wintertagen Lust auf frisches Grün und gesunde, belebende Kost. Er kann im Wald gesammelt, aber auch ganz einfach im eigenen Garten angebaut werden. Setzlinge dafür gibt es erst seit einigen Jahren im Handel. Als Wildpflanze braucht Bärlauch so gut wie keine Pflege und vermehrt sich am richtigen Standort von alleine. Wie in der Natur braucht er für das Gedeihen einen halbschattigen, feuchten Standort.

Ganz anders der Knoblauch: Die Pflanze ist überall dort heimisch, wo das Klima warm und trocken ist, benötigt viel Sonne und reagiert empfindlich auf Staunässe. Doch auch sein Anbau ist unkompliziert und sogar für „Gartenanfänger" ganz einfach. Bestens ist er für Mischkulturen geeignet, z.B. mit Rosen oder Erdbeeren. Dabei beugt er gleichzeitig Schädlingsbefall vor. Gepflanzt und vermehrt wird Knoblauch am einfachsten durch das Stecken von Zehen. Der Knoblauch blickt auf eine lange Geschichte der medizinischen Nutzung zurück – die ersten Zeugnisse stammen aus dem Zweistromland, dem heutigen Irak, aus dem 3. Jahrtausend vor Christus. Von dort verbreitete sich der Anbau der Pflanze über das Mittelmeer bis zu uns. Im Mittelalter wurde er als Heilpflanze kultiviert.

Die moderne Forschung konnte viele dem Knoblauch schon lange zugeschriebene Heilwirkungen bestätigen.

Besonders wertvoll macht ihn für die heutige Zeit, dass er zur Vorbeugung und Heilung einiger weit verbreiteter Zivilisationskrankheiten eingesetzt werden kann: Bluthochdruck, erhöhter Cholesterinspiegel und Arterienverkalkung. Verantwortlich für diese Wirkung sind eine Vielzahl von Substanzen, von denen besonders ätherische Öle bedeutsam sind. Eines davon ist das stark antibiotisch wirkende Allicin. Es bildet sich erst aus dem geruchlosen Alliin, wenn die Pflanze zerschnitten wird. Ganze Knoblauchknollen und unverletzte Bärlauchblätter sind daher geruchlos.

Die Inhaltsstoffe des Bärlauchs sind denen des Knoblauchs ähnlich, sein Gehalt an Schwefelverbindungen (Sulfiden) übertrifft den des Knoblauchs sogar um ein Vielfaches. Sulfide sind wichtig, um Hirnleistungsstörungen und Gefäßverkalkung vorzubeugen und unterstützen die Bildung von Insulin. Auch bei Darmpilzerkrankungen wirkt sich Bärlauch positiv aus.

Freude am Leben ist bekanntlich eines der wichtigsten Gesundheitselixiere. Und die stellt sich beim Genuss der Gerichte mit Bärlauch und Knoblauch ein. Bärlauch muss in der Küche

Bärlauch wurde für die Küche erst in den letzten Jahren wieder entdeckt.

Blühender Bärlauch überzieht im Frühjahr den Waldboden mit einem weißen Teppich.

ganz anders behandelt werden als Knoblauch, denn seine zarten Blätter verlieren beim Erhitzen stark an Aroma. Sein würziger, frischer Geschmack lädt zu neuen Rezeptkreationen ein – ideal für die belebende Frühlingsküche! Knoblauch kann rund ums Jahr eingesetzt werden, besonders gut schmeckt er in mediterranen und asiatischen Gerichten.

Hintergrund

Hintergrund

Mythen und Fakten

Zu Lauchgewächsen haben viele Völker auf der Erde ein besonderes Verhältnis entwickelt. Nicht nur im Westen, sondern auch in Zentralasien räumte man vor allem dem Knoblauch einen besonderen Rang ein. Sowohl die medizinische Anwendung als auch die Symbolik der Pflanze im religiösen Leben lassen den Mitteleuropäer des 21. Jahrhunderts erstaunen. An zweiter Stelle steht der Bärlauch, der im Vergleich zum Weltbürger Allium sativum eher ein provinzielles Dasein führt. Er diente vor allem den germanischen Völkern als Kultur- und Heilpflanze. Ein Blick in die Geschichte beider Kräuter ist informativ und äußerst spannend. Weshalb sollten Generationen vor uns diese beiden Lauchgewächse verwendet haben, wenn sie nicht medizinischen Nutzen daraus gezogen hätten?

■ Alte Knoblauchmythen

Knoblauch (*Allium sativum*) ist in Zentralasien beheimatet. Der Weg von Ost nach West hat bei vielen Kulturvölkern markante Spuren hinterlassen. Bereits im Zweistromland sind aus dem dritten vorchristlichen Jahrtausend erste schriftliche Aufzeichnungen der Sumerer über den Knoblauch bekannt. Auch die Hochkulturen im Industal kannten die Pflanze, wie eine indische Legende berichtet:

„Götter und Dämonen stritten sich um den schon in der brahmanischen Religion heiß begehrten Nektar. Wischniu, der oberste Gott und Schöpfer des Universums, griff in diesen Streit ein und begann den Nektar ausschließlich unter den anwesenden Göttern zu verteilen. Einer der Dämonen namens Cunningly wollte dies verhindern und empfing heimlich einen Schluck Nektar. Sonne und Mond hatten jedoch den Dämon bei seinem Mundraub beobachtet und zeigten den Frevel bei Wischniu an. Dieser handelte sofort kraft seiner Position als Gottvater und ließ den diebischen Dä-

Die Bedeutung des Knoblauchs für den Menschen lässt sich weit zurückverfolgen.

mon so schnell enthaupten, dass der unglückliche Cunningly nichts mehr vom Nektar herunterschlucken konnte. Das kostbare Gut tropfte vom Rumpf Cunninglys auf den Boden und genau dort wuchs eine Knoblauchpflanze. Diese verfügte

Hintergrund

auf der einen Seite über die wertvollen Eigenschaften des „göttlichen" Nektars, besaß aber auch sündhafte aphrodisierende Eigenschaften, da sie durch den Mund eines Dämonen gegangen war."

Diese Zwiespältigkeit des Knoblauchs, der sowohl göttliche als auch dämonische Eigenschaften hat, begegnet dem aufmerksamen Betrachter in vielen Kulturkreisen, zu denen uns die Beschäftigung mit dieser interessanten Pflanze führen wird.

■ Von Ägypten über Griechenland nach Rom

Die ersten schriftlichen Zeugnisse über den Knoblauch stammen aus dem Zweistromland. Ein Rezept in Keilschrift aus dem Jahre 3000 v. Chr. schlägt zur Herstellung eines Stärkungstonikums unter anderem Knoblauchzehen vor. Eine ähnliche Verwendung scheint die Pflanze auch im alten Ägypten besessen zu haben. Denkt man an das Land am Nil, fallen einem sofort die Pyramiden, Grabkammern und die Pharaonen ein. Kaum einer wird jedoch in diesem Zusammenhang an den Knoblauch denken.

Die alten Griechen

Der griechische Gelehrte Herodot liefert jedoch in seiner „Geschichte Ägyptens" einen sehr interessanten Hinweis: In einer Pyramide soll ein Schriftzug darüber Auskunft geben, dass die am Bau beteiligten Arbeiter Unmengen von Zwiebeln und Knob-

Knoblauch und Liebe – das schloss sich im antiken Griechenland aus: Den Tempel der Liebesgöttin Aphrodite durfte man mit einer Knoblauchfahne nicht betreten, und die Männer hielten ihre Frauen zum Knoblauchgenuss an, weil das Sittsamkeit garantiere.

lauch verzehrt haben. Lauchgewächse also als leistungssteigernde Mittel im alten Ägypten? Hängt diese Anwendung vielleicht mit dem religiösen Glauben an eine magische Heilpflanze zusammen oder geht von den schwefelaktiven Stoffen des *Allium sativum* tatsächlich ein stärkender Effekt aus?

Über Ägypten und den vorderen Orient scheinen auch die alten Griechen mit dem Knoblauch in Berührung gekommen zu sein. Wiederum führt uns die Pflanze zunächst in das Reich der Sagenwelt. Das bekannteste Epos aus dem griechischen Kulturkreis ist zweifellos die Odyssee Homers, welche die Abenteuer des Helden auf einer langen Irrfahrt beschreibt. Sehr zu schaffen machte Odysseus vor allem die Begegnung mit der Zauberin Kirke, welche alle Gefährten des Helden in Schweine verwandelte. Allein der Götterbote Hermes meinte es gut mit Odysseus und schenkte ihm die Heilpflanze „Moly", welche ihn vor den Zauberkünsten Kirkes beschützen sollte.

Der Medizingeschichte gelang es bisher nicht, die Pflanze „Moly" eindeutig zu identifizieren. Spätere Abbildungen zeigen jedoch deutlich, dass es sich auf jeden Fall um eine *Allium*-Art handeln muss. Die Anwendung als „Apotropäikum" – ein Mittel, um böse Geister und Dämonen zu vertreiben – ist uns schon in der altindischen Kultur begegnet. Knoblauch ist somit auch medizinhistorisch ein „global player", wobei die Heilwir-

9

Hintergrund

Mythologische Lauch-pflanze „Allium moly"

stätte der abendländischen Medizin, als deren Begründer Hippokrates gilt. Wahrscheinlich handelt es sich dabei jedoch nicht um die Leistung einer einzelnen Person, sondern einer Gruppe von Ärzten, die ein medizinisches System entwickelt hat, das jahrhundertelang Bestand haben sollte.

Die Viersäftelehre

Das als Viersäftelehre bezeichnete Schema ordnete dem Menschen vier Flüssigkeiten zu, die über Wohl und Weh bestimmten: die kalt-trockene schwarze Galle, das warm-feuchte Blut, der feucht-kalte Schleim sowie die heiß-trockene gelbe Galle. Befinden sich alle Säfte im Gleichgewicht, dann fühlt man sich wohl in seiner Haut. Gerät das System außer Kontrolle, so dass etwa die kalt-trockene schwarze Galle dominiert, gilt es gegenzusteuern. Dem Körper müssen dann gegenteilige Temperamente – in diesem Fall Wärme und Feuchte – wieder zugeführt werden, damit sich das Säftegleichgewicht wieder herstellt. Diese Qualitäten fand man in Antike und Mittelalter vor allem in den Arzneipflanzen, welche bezüglich ihrer Wirkung in die Viersäftelehre eingeordnet wurden. Knoblauch galt als „heiß und trocken im dritten Grade", weshalb er sich zur Therapie von schwarzgalligen Erkrankungen eignete.

kung sich sehr eng an die religiöse Symbolik anlehnt. Das alte Griechenland ist jedoch nicht nur aufgrund seiner Sagenwelt für das 21. Jahrhundert von Interesse. Auf der Insel Kos in der Agäis findet sich auch die Geburts-

Auch im alten Rom waren es vor allem Griechen, die medizinisch tätig waren. So stand der aus dem kleinasiatischen Teil Griechenlands stammende Pedanios Dioskurides im Dienste der römischen Armee. Dieser Mediziner scheint ein außerordentlich kreativer Gelehrter gewesen zu sein. Sein Pflanzenbuch „Materia Medica" liefert uns auch heute noch einen ausgezeichneten Überblick, welche Heilpflanzen im ersten Jahrhundert nach Christus im Mittelmeerraum medizinisch verwendet wurden. Selbstverständlich ist auch dem Knoblauch ein umfangreiches Kapitel gewidmet. Der Gelehrte berichtet, dass diese alte Gartenpflanze eine *„scharfe, erweichende, beißende und windetreibende Kraft"* besitzt. Damit ist sie keineswegs uneingeschränkt als Heilmittel zu verwenden, so dass Dioskurides sogar vor der „magenaustrockenden" Kraft der Pflanze warnt.

Entscheidend ist für den Gesundheitszustand nach altem Modell ein ausgeglichenes Verhältnis der entsprechenden Körpersäfte. Deshalb kann auch die aus dem Knoblauch im Übermaß zugeführte Hitze durchaus mehr Schaden als Nutzen anrichten. „Viel hilft viel" – diese Weisheit hat sich auch in der Geschichte der Heilkunde bisweilen als Trugschluss erwiesen.

Gegen Parasiten

Dioskurides hat auch eine schlüssige Erklärung parat, weshalb die Pyramidenarbeiter im alten Ägypten sich mit Lauchgewächsen gestärkt haben könnten: Die Pflanze „treibt den Bandwurm aus". Sie wirkt bei denen, *„die von der Viper....gebissen sind... Mit Dos-*

In früheren Zeiten waren Darmparasiten bei uns eine Bedrohung für die Gesundheit: Aus diesem Grunde wurden Kräuter wie der Wurmfarn oder die Lauchgewächse als Arzneimittel sehr geschätzt.

Die Verbindung von „Kloster" und „Medizin" ist bereits seit dem achten Jahrhundert bekannt. Um 795 entstand nämlich in gleichnamiger Abtei das „Lorscher Arzneibuch", ein frühes Zeugnis für das Selbstverständnis der Heilkunde im anbrechenden Mittelalter.

tenabkochung getrunken tötet (!) er Läuse und Wanzen." Damit sind genau die Beschwerden erwähnt, mit denen die Ägypter vermutlich zu kämpfen hatten. Als probates Mittel gegen Darmparasiten, Giftschlangen sowie Läuse und Wanzen scheint der Knoblauch somit eingesetzt worden zu sein.

Die moderne Wissenschaft erklärt diese Effekte mit der desinfizierenden Wirkung des schwefelaktiven Knoblauchöls. Die Anwendung bei Schlangenbissen hält jedoch keiner modernen Nachprüfung stand. Wie so oft bei pflanzlichen Heilmitteln liegen medizinische Wirklichkeit und Glaube sehr eng beieinander.

■ Klostermedizin

Mit dem Untergang des weströmischen Reiches im sechsten Jahrhundert nach Christus endet eine lange und erfolgreiche Ära auch auf dem Sektor der Medizin. Es sollten einige Generationen vergehen, bis die Heilkunde zu neuer Blüte gelangte.

In diesem Zusammenhang kommt den Klöstern eine besondere Bedeutung zu. Die Mönche brachten nicht nur einen neuen Glauben nach Mitteleuropa, sie schufen auch eine eigene Kultur, deren Spuren bis in die heutige Zeit reichen. Da sich die Orden nach den Regeln des heiligen Benedikt auch um die Krankenpflege kümmerten, beschäftigten sich die Klostermänner mit dem Anbau und der Wirkung von Arzneipflanzen. Ih-

Heute pflegen Wissenschaftler ihre Texte auf Englisch zu veröffentlichen. Im Mittelalter verfassten die Gelehrten ihre Bücher in lateinischer Sprache. So entstand in Europa ein Netzwerk, das zu einem regen Gedankenaustausch beigetragen hat.

Die Zahl der Analphabeten war im Mittelalter sehr groß. Aus diesem Grunde spielte die mündliche Weitergabe von Wissen lange Zeit eine sehr große Rolle, sicherlich auch auf dem Gebiet der Pflanzenmedizin.

re Erkenntnisse hielten sie auf Handschriften fest, deren Erforschung für die Medizingeschichte durchaus aufschlussreiche Informationen liefert.

Der „Macer floridus"

Ein derartiges schriftliches Zeugnis stellt der „Macer floridus" da, ein handschriftliches lateinisches Kräuterbuch aus dem 12. Jahrhundert, in dem die einzelnen Pflanzen aus der Klostermedizin besungen werden. Die vom Autor gewählte Form hatte vor allem auch praktische Gründe, denn in Versen verfasste Texte werden meistens nicht so schnell vergessen. Wer erinnert sich beispielsweise nicht an Merkverse oder auswendig gelernte Gedichte aus seiner Schulzeit? Des Weiteren dürfen wir nicht vergessen, dass im Mittelalter das Wissen auch in mündlicher Form weitergegeben wurde. Der Großteil der Bevölkerung konnte in dieser Zeit weder lesen noch schreiben.

Gleich zu Anfang beschreibt der Autor des Kräuterbuches „Macer floridus" den Knoblauch als „warm und trocken im vierten Grad". Diese Einstufung nach der Viersäftelehre ist uns noch von den alten Griechen bekannt. Das Beispiel zeigt, welch prägenden Charakter die antike Medizin für das Mittelalter besaß. Immerhin trennen beide Epochen eine Zeitspanne von mehr als fünfhundert Jahren. Die Heilkunde vergangener Zeiten ist eben nicht so kurzlebig wie moderne medizinische Trends unserer Tage.

Alte Rezepte

Ähnliche Anwendungen wie bei Dioskurides kennt auch der Vertreter aus der Klostermedizin. Knoblauch soll bei Stichen, Bissen und schließlich bei Vergiftungen durch eine Schlange oder einem Skorpion eingesetzt werden. Diese Verwendung weist wieder eher in den magischen Bereich.

Handfester ist dagegen der Vorschlag, Knoblauch bei Darm- und Bandwürmern zu verabreichen. Nachvollziehbar ist auch das Rezept, „Knoblauch mit Milch gekocht bei Lungenbeschwerden einzunehmen". Von dem ätherischen Senföl geht sicher ein schleimlösender Effekt aus.

Auch die schmerzstillende Wirkung macht aus heutiger Sicht Sinn, wenn der Autor ein Rezept „mit lauem Gänseschmalz verquickt ins Ohr geträufelt" vorschlägt. Den desinfizierenden Effekt des Knoblauchs macht sich die Klostermedizin als Einreibung bei „Geschwülsten" zu nutze. Es überrascht nicht, dass Medizinhistoriker vor kurzem den gesamten lateinischen Text aus dem „Macer floridus" ins Deutsche übersetzten, um ihn so einer breiten Öffentlichkeit zugänglich zu machen.

■ Gedruckte Kräuterbücher

Eine große technische Revolution stellte im 15. Jahrhundert die Erfindung des Buchdruckes durch den Mainzer Johannes Gutenberg dar.

Knoblauch wurde bereits im Mittelalter vielseitige Heilwirkung zugeschrieben.

Während die Mönche in ihren Schreibstuben die alten Schriften noch mühsam abschrieben, erlaubte der gedruckte Text eine schnellere Verbreitung des Wissens. Davon profitierte auch die Pflanzenmedizin, die im Zeitalter des Humanismus nach wie vor sehr populär war.

Knoblauch in Wort und Bild

Eines der ersten gedruckten Kräuterbücher ist der „Gart der Gesundheit", der in der Stadt des Buchdruckes – in Mainz – im Jahre 1485 erschien. Die einzelnen Pflanzen wurden nicht nur hinsichtlich ihrer Botanik und medizinischen Wirkung beschrieben. Auch Pflanzenabbildungen finden sich in den Kräuterbüchern, da das vermittelte Wissen über die Kräutermedizin möglichst umfassend vorgestellt werden sollte.

Das Knoblauchkapitel besteht im „Gart" aus etwa drei Seiten. Neben altbekannten Rezepten aus der Klostermedizin liefert uns der Text den interessanten Hinweis, dass *„wer mit Frauen zu schaffen habe, der meide Knoblauch, denn er vertrocknet den Samen genannt Sperma, welcher für die Natur des Mannes steht."* Das männliche Element galt nach der Viersäftelehre als „heiß", während für die Frau die „kalte Materie" steht. Deshalb soll sich der Organismus des Mannes vor Überhitzung schützen, die von einer zu intensiven Knoblauchverwendung ausgeht.

Das Pflanzenkapitel schließt mit einem Hinweis, dass *„für arbeitende Menschen, die stehendes Wasser trinken sowie kalte unverdauliche Speise verzehren, Knoblauch gut ist."* Aus diesem Grunde wird die Pflanze auch als „Theriak der Bauern" bezeichnet.

13

Theriak ist ein altes, nur in Apotheken erhältliches, teures Arzneimittel, das bei Vergiftungen aller Art angewandt wurde. Der Hinweis, dass die weit verbreitete Gartenpflanze Knoblauch ein „Theriak der Bauern" ist, zeigt eindeutig den volksmedizinischen Charakter des „Gart der Gesundheit".

Die Pflanzenheilkunde ist keineswegs nur für etwas für privilegierte Schichten, sie ist auch Medizin für den „gemeinen Mann". Diese Absicht sollte auch heute nicht in Vergessenheit geraten.

■ Bärlauch bei den „Vätern der Botanik"

Mit dem „Gart der Gesundheit" beginnt im deutschsprachigen Raum des 16. Jahrhunderts die Ära der gedruckten Kräuterbücher. Im Knoblauchkapitel ist schon deutlich geworden, dass sich diese Werke nicht nur an Fachleute, sondern auch an Laien richten. Schließlich werden die Kräuter nicht mehr ausschließlich als Arzneimittel vorgestellt. Die Autoren interessiert ebenso, wo und unter welchen Bedingungen die einzelnen Pflanzen wachsen und gedeihen.

Aus diesem Grunde hat die Medizingeschichte drei herausragende Vertreter aus der Zeitspanne zwischen 1500 und 1600 mit dem Prädikat „Väter der Botanik" belegt. Dazu zählen Otto Brunnfels, Leonhart Fuchs und Hieronymus Bock. Letzterer schreibt im Kapitel 69 seines Kräuterbuches:

Waldknoblauch. CCCCXXIIII.

Eine schöne Bärlauch-Abbildung aus dem 16. Jahrhundert

„Dieweil diser Knoblauch beide mit der gestalt vnd geschmack ein ander gewaechs ist / haben wirs sonderlich als ein eygen geschlecht / wollen beschreiben / vnd laßt sich gegen den Früling / so bald der Aron herfür kreucht zum ersten sehen / ist nit allenthalben gemeyn / doch ist sein gewonliche Statt in den gantzen finstern feuchten vnnd nassen Waelden. Ist ein kraut etwann nur mit einem blatt / etwann mit zweyen blettern / die vergleichen sich aller ding dem Meyenblumen kraut / welche Knoblauch stoecklein aber zwey bletter gewinnen / die tragen im ende des*

Aprillen weysse Blümlein / auch den weissen Meyenblümlein gleich / doch seind die blümlein an disem Knoblauch nit hol / als der Meyenblümlein / sonder gestirnt / vnd die blättlein vnderschiedlich von einander gesetzt. Dieser Blumen wurtzel seind weiß / vnnd etwas lang / ein jede anzusehen als ein kleiner junger garten Knoblauch / der nicht vber ein Monat ins feld ist gestandet.

Solcher Waldt knoblauch ist vberauß inn seiner gantzen subtanz eins vbelen starcken geruchs vnnd bösen geschmacks. Das Rindtvihe / wa es inn der weide (...) das wild Knoblauchkraut versuocht / so schmackt vnnd reucht die Milch / die Kaeß vnnd der Buttern so starck nach dem Knoblauch / das niemandts die selbige (...) versuochen oder niessen mag. Solches hab ich selbers erfahren / vnnd mit andern war genommen."

Schon im 16. Jahrhundert kannte man die Verwechslungsgefahr des Bärlauchs mit dem giftigen Maiglöckchen.

Der botanische Steckbrief des Bärlauchs, den Hieronymus Bock vor etwa 500 Jahren verfasst hat, könnte auch heute noch in einem modernen Naturführer seinen Platz finden. Der Gelehrte weist auf die Verwechslungsgefahr mit dem Maiglöckchen hin, das etwa zeitgleich mit dem Bärlauch im Frühlingswald erblüht. Jedoch der Standort im „feuchten, finsteren Wald", die Blütenbeschaffenheit sowie schließlich auch der penetrante Geruch der Pflanze sollten den erfahrenen Pflanzenkenner vor der Verwechslung bewahren. Diese könnte fatale Folgen haben, wenn man an die giftige Wirkung der Herzglykoside im Maiglöckchen denkt. Über die medizinische Wirkung des Bärlauchs erfahren wir bei Bock im Grunde genommen nichts, außer dass man das Weidevieh von der Pflanze fernhalten soll – es sei denn, man schätzt Milchprodukte mit einem leichten Laucharoma.

■ Bärlauch contra Knoblauch

Forschungen haben ergeben, dass der Bärlauch vor allem nördlich der Alpen verbreitet war. Auskunft geben nicht nur entsprechende Pflanzenfunde in germanischen Pfahlbauten. Auch aus den volkstümlichen Bezeichnungen lassen sich Rückschlüsse auf die Geschichte einer Pflanze ziehen. Heute noch ist in einigen Landstrichen die Bezeichnung „Ramser" oder „Rämsch" für den Bärlauch üb-

Hintergrund

15

Hintergrund

Die Römer brachten nicht nur Pflanzen, wie den Knoblauch, zu den germanischen Urvölkern. Auch einige Städtenamen sind lateinischen Ursprungs: Aus „Castra Regina" beispielsweise wurde Regensburg, aus „Augusta Travorum" entstand Trier.

Karl der Große kümmerte sich um die Gesundheit seiner Untertanen, denn gut ernährte Völker sind ein Zeichen von Wohlstand und kommen letztendlich wieder dem Regenten zugute.

lich. Dahinter verbirgt sich der germanische Ausdruck „hramusan" beziehungsweise das althochdeutsche Wort „ramsada". Damit wird deutlich, dass der Bärlauch wohl der urgermanische Lauch ist.

Durch die römische Kolonisation muss wohl eine Konkurrenz zum Knoblauch entstanden sein. Man sollte beide Vertreter jedoch nicht gegeneinander ausspielen. *Allium ursinum* scheint aufgrund seines Standortes wohl eher als Wildgemüse eine Rolle gespielt zu haben, während der Knoblauch als Gartengewächs mehr den Charakter einer Heilpflanze besitzt. Aber die Sache ist komplizierter: Hieronmyus Bock zieht sogar den Rückschluss, dass Bärlauch („Wald- beziehungsweise Schlangenknoblauch") aufgrund seines übleren Gestanks besser in der Lage ist, Gifte aus dem Körper zu vertreiben als der „zame" Knoblauch.

Begnügen wir uns also mit einem „Unentschieden" und lassen die beiden *Allium*-Vertreter hinsichtlich ihrer medizingeschichtlichen Bedeutung auf gleichem Rang stehen. Schließlich erfreute sich die Gattung *Allium* im Mittelalter großer Beliebtheit. Kaiser Karl der Große gab im achten Jahrhundert eines der ersten landwirtschaftlichen Gesetzbücher in Europa heraus, das „Capitulare de villis". Darin schreibt er unter anderem auch den Anbau bestimmter Heil- und Nahrungspflanzen vor. Die Gattung *Allium* ist mit dem Knoblauch (*Allium*

sativum), dem Porree (*Allium porrum*) sowie der Zwiebel (*Allium cepa*) dreimal vertreten. Ein Blick in die Geschichte der Knoblauchverwandten ist durchaus lohnend.

■ Tiernamen bei Pflanzen

Ein Aspekt wurde bisher nicht weiter verfolgt, nämlich der Bezug zwischen Tier und Pflanze. Für diese Verwandtschaft gibt es in der Flora viele Beispiele. Den Rang eines Gewächses kann man auch an der Bedeutung des Tieres ablesen, das mit dem Pflanzennamen verknüpft ist.

Von Bienen und Hunden

Die Melisse hat eine Verbindung zur Honigbiene, weshalb der griechische Autor Pedanios Dioskurides den Imkern den Vorschlag unterbreitet, Melisse in der Nähe ihrer Waben anzubauen. Im alten Griechenland soll es sogar eine Gruppe von Priesterinnen gegeben haben, die unter der Bezeichnung „Melissa" dem Kult einer Bienengöttin huldigten.

Die Honigbiene galt bereits in der Antike als seelentragendes Tier. Somit ist es nicht verwunderlich, dass auch die Arzneipflanze *Melissa officinalis* niemals mit einer negativen Symbolik versehen ist.

Ganz anders verhält es sich mit Kräutern, die einen Bezug zum Hund haben. Dieses heute überaus beliebte Haustier ist im Hinblick auf die Pflanzensignatur keineswegs der „beste

Freund des Menschen". Denken wir nur an Goethes Faust, als sich der Kern des schwarzen Pudels als Teufel entpuppt. Viele Pflanzen, welche die Bezeichnung „Hund" tragen, galten eher als minderwertige Imitate von echten Arzneipflanzen. So ist die stinkende Acker-Hundskamille (*Anthemis arvensis*) das „minderwertige Pendant" der echten Medizinkamille, *Matricaria recutita*.

Allium ursinum und der Bär

Der Bär galt in der alten Mythologie ebenfalls als seelentragendes Tier. Die

Der Bärlauch hat seinen Namen von dem in der alten Mythologie hoch geschätzten Bär.

religiöse Bedeutung wird alleine schon an der Tatsache deutlich, dass der indogermanische Name verloren gegangen ist: Die Ehrfurcht vor diesem Tier schloss das Verbot ein, den Namen auszusprechen. Aber auch in der Dämonenlehre ist der Bär ein Symbol, hinter dem sich sogar der Teufel verbergen kann. Tatsächlich sollten aber vom Bär als Amulett getragene Teile wie etwa Klauen eine dämonenabwehrende Wirkung besitzen. Somit erklärt sich letztendlich auch die Wechselwirkung mit dem Bärlauch.

Ähnlich wie bei der altindischen Geschichte zur Entstehung des Knoblauchs steht *Allium ursinum* mit dem einen Bein auf der weißen, mit dem anderen Bein auf der schwarzen Seite der Magie. Böse Geister und auch der Teufel riechen zwar unangenehm, lassen sich aber mit Hilfe des Bärlauchgeruchs vertreiben. Licht und Schatten sind eben auch im Pflanzenreich eng miteinander verbunden.

■ Renaissance von Bärlauch und Knoblauch

Im Altertum und Mittelalter standen Bärlauch und Knoblauch als Heilpflanzen in hohem Ansehen. In der Neuzeit gerieten sie jedoch in Vergessenheit. Es sollte bis in die erste Hälfte des 20. Jahrhunderts dauern, bis die Pflanzenheilkunde und damit auch diese Lauchgewächse wieder entdeckt wurden.

Das lässt das Herz eines Bärlauch-Liebhabers höher schlagen: Ein „Feld" voller zartgrüner Pflanzen.

Bärlauch in der Küche

Die Benutzung des Bärlauchs als Küchenpflanze war bei unseren Ur- und Ur-Ur-Großmüttern unbekannt. In Kochbüchern des 19. und 20. Jahrhunderts findet sich kein Hinweis auf die Waldpflanze. Der kräftige Geruch war in unseren Breiten einfach verpönt.

Die Entdeckung des Bärlauchs als Küchenpflanze ist ganz jungen Datums. Wir verdanken sie dem „Koch des Jahrhunderts" und Vorreiter der Nouvelle Cuisine in Deutschland: Eckart Witzigmann. Bei einem Spaziergang im Englischen Garten in München zog ihm der Duft von Knoblauch in die Nase. Er pflückte eines der maiglöckchenähnlichen Blätter des ihm unbekannten Krautes und ließ es von einem befreundeten Botaniker bestimmen. Solch eine Entdeckung musste die Experimentierfreude eines kreativen Koches anspornen, und so

In einem Standardwerk zur Pflanzenkunde von 1909 heißt es: „Die Pflanze [der Bärlauch] würde eine dankbare Gartenpflanze sein, wenn sie nicht mit dem starken, unangenehmen Knoblauchgeruch ausgestattet wäre."

standen bald die ersten Gerichte mit Bärlauch auf der Speisekarte seines Restaurants. Damit nahm der Siegeszug des Waldknoblauchs durch die deutschen Küchen seinen Anfang. Im Frühjahr bieten mittlerweile viele Restaurants Bärlauchgerichte an, und auch die Selbstversorger kommen auf ihre Kosten. Gärtner verkaufen Pflänzchen für den Garten, auf Wochenmärkten findet der Kunde Bärlauchblätter, Bärlauchpesto oder Bergkäse mit Bärlauch. Das Kraut scheint geradezu in Mode zu kommen, und in der Stadt, in der es kulinarisch wiederentdeckt wurde, soll es laut Klaus Trebes, Koch und Autor, bereits „allgegenwärtiger als der Münchner Radi" sein.

■ Bärlauchfeste

Die touristische Entdeckung des Bärlauchs steckt noch in den Kinderschuhen – entsprechend dünn sind die Veranstaltungen gesät. In der Stadt Eberbach am Neckar finden Ende März oder Anfang April die „Eberbacher Bärlauchtage" statt. Es gibt geführte Wanderungen zu Sammelplätzen, man kann im ganzen Ort Spezialitäten probieren und Bärlauch-Produkte kaufen.

Unter dem Motto „Sport und Genuss" steht der Bärlauch-Lauf in Mureck in der Steiermark: Neben Läufen über verschiedene Distanzen gibt es eine Erlebniswanderung in Auengebiete und ein Buffet mit Bärlauchschmankerln.

Hintergrund

■ Knoblauch – ein Allerweltsgewürz

Als Küchenpflanze ist der Knoblauch ein Universalgenie – auf der ganzen Welt wird er in Gegenden mit warmem Klima angebaut und in der Küche verwendet.

Die Heimat des Knoblauchs ist Kirgisien in Zentralasien, wo er bereits vor 5000 Jahren bekannt war. Von dort verbreitete sich sein Anbau über Vorderasien und Ägypten, dann über die Mittelmeerländer Griechenland und Italien bis nach Mitteleuropa.

Heute liegt die Weltproduktion von Knoblauch bei über 3 Millionen Tonnen. In Deutschland wird er nur von einzelnen Gemüsebetrieben und Landwirten in geringen Mengen kultiviert, so dass der bei uns verzehrte Knoblauch größtenteils importiert wird. Im Jahr 2000 waren dies knapp 13.000 Tonnen. Ein Großteil der Importware kommt aus Spanien, Frankreich und Italien, doch auch aus Argentinien, Ägypten und China wird Knoblauch zu uns eingeführt.

Italien

Die wichtigsten italienischen Anbaugebiete für Knoblauch sind die Emilia Romagna und Venetien im Norden sowie Apulien und Sizilien im Süden. In der italienischen Küche wird Knoblauch meist genutzt, um Gerichten einen würzigen Akzent zu verleihen, er ist nie dominierend.

Gemüse-Antipasti sind ohne Olivenöl und Knoblauch undenkbar, und

~~Der Appetit~~ auf Knoblauch ist in Deutschland vergleichsweise gering: Pro Kopf werden jährlich weniger als 100 g verbraucht, einschließlich industrieller Verarbeitung. Zum Vergleich: Die Spanier bringen es auf 1,5 kg jährlich.

die Zehen würzen Pastasaucen oder Schmorgerichte. Ausnahmen bestätigen die Regel: Gerichte, in denen der Knoblauch die Hauptrolle spielt, sind die Bruschetta, das Pesto oder die Bagna Cauda. Letztere stammt aus dem Piemont und ist eine heiße Butter-Oliven-Sauce mit reichlich Knoblauch, die als Dip zu frischem Gemüse serviert wird.

Zur Info

Knoblauch und Vampire

Eine finstere Nacht, Wolken verdecken den Mond, ein Käuzchen schreit und alte Bäume knarren im Wind. Eine bleiche, in einen schwarzen Umhang gehüllte Gestalt streift um das dunkle Haus – es ist ein Vampir auf der Suche nach einem Opfer. Er nähert sich einem offenen Fenster, doch plötzlich erstarrt er und blickt voller Ekel nach oben: Über dem Fenster baumeln üppige Knoblauchzöpfe. In Panik ergreift er die Flucht.

Solche Szenen hat wohl jeder schon in Vampirfilmen gesehen. Doch wie entstand der Glaube, dass Vampire den Knoblauch meiden wie der Teufel das Weihwasser? Zum einen war die Überzeugung, dass die stark riechenden Allium-Pflanzen gegen böse Geister und Dämonen helfen, schon im antiken Griechenland und im alten Indien verbreitet.

Einige Wissenschaftler sind außerdem der Ansicht, dass eine erbliche Stoffwechselkrankheit, die Porphyrie, zum Glauben an Vampire beitrug. Bei dieser Krankheit ist die Synthese des Blutfarbstoffes gestört, was unter anderem zu Blutarmut und Blässe, rot verfärbten Zähnen und gesteigerter Licht-empfindlichkeit führt – alles Merkmale, die man Vampiren zuschreibt. Die im Knoblauch enthaltenen Schwefelverbindungen verschlimmern die Krankheitssymptome, daher wurde die Pflanze von den Kranken gemieden.

Der Alptraum eines jeden Vampirs...

Hintergrund

Frankreich

Knoblauch wird in Frankreich natürlich in der Provence angebaut, vorrangig in der Province Vaucluse. Ein Anbaugebiet besonderer Art findet sich in der Gemeinde Lautrec in der Nähe von Albi (Departement Tarn). Dort wird rosaroter Knoblauch, der „Ail rose de Lautrec", angebaut. Als einzige französische Sorte darf sich der rosafarbene Knoblauch von Lautrec mit dem „Label rouge" schmücken, einem Qualitätssiegel für landwirtschaftliche Produkte.

Im Land der Feinschmecker geht man mit der scharfen Knolle natürlich sehr gekonnt um. Sie wird für die Zubereitung von Schmorgerichten, wie beispielsweise Boeuf bourguignon oder Coq au vin, oder von Lammbraten verwendet, um diese raffiniert, aber nie penetrant zu würzen. In Südfrankreich setzt man den Knoblauch großzügiger ein. Die bekanntesten Gerichte sind die Saucen Rouille und Aïoli aus der Provence.

Spanien

Als größter Knoblaucherzeuger der europäischen Union mit jährlich 300.000 Tonnen essen die Spanier einen Großteil ihrer Ernte selber: rund vier Fünftel davon bleiben im Land, und der Knoblauchverzehr pro Kopf liegt bei etwa eineinhalb Kilo im Jahr. Besonders beliebt ist der „Ajo morado", der lila Knoblauch (siehe auch Knoblauchfeste, Seite 23). Er wird in der Mancha angebaut, einer ländlichen Region im Herzen Spaniens, der Heimat Don Quijchotes.

Doch nicht nur in Zentralspanien, praktisch überall auf der iberischen Halbinsel gehört der Knoblauch – und natürlich das Olivenöl – zu den Grundzutaten der Küche. Viele der beliebten Tapas wären ohne diese beiden undenkbar und die berühmte kalte Gemüsesuppe, die Gazpacho, enthält neben Gemüse und Olivenöl auch reichlich Knoblauch.

Südosteuropa und Griechenland

Eines der bekanntesten Gerichte mit Knoblauch stammt aus Griechenland: das erfrischende Tsatsiki. Doch auch andere Vorspeisen, wie das Kichererbsenpüree Hummus, erhalten durch die Knolle Würze. Gegrilltes Fleisch und Fisch werden gern mit Knoblauch mariniert, ohne dass er allzu dominant schmeckt. Weniger subtil setzt man Knoblauch in manchen Gebieten in Südosteuropa ein. Besonders verschwenderisch geht man in Rumänien damit um...

Deutschland

In der deutschen Küche wird Knoblauch noch nicht lange verwendet. Beispielsweise heißt es im weit verbreiteten Kochbuch von Henriette Davidis-Schulze in der Ausgabe von 1951: „Knoblauch wird in der deutschen Küche nur vereinzelt gebraucht an bestimmte Wurstsorten und Fleischspeisen, kommt aber durch die

Wer die klassische Sauce aus Knoblauch und Olivenöl, die Aïoli, erfunden hat, darüber streiten sich die Provenzalen, Katalanen und Kastilier – auf jeden Fall gehört sie in allen diesen Regionen zu den traditionellen Gerichten.

In früheren Zeiten war Knoblauch in Spanien als typische Bauernkost verpönt: „Iss weder Knoblauch noch Zwiebel, denn der Geruch verrät den Bauern in dir", ließ der Dichter Cervantes den edlen Ritter Don Quijchote zu seinem Knappen Sancho Panza sagen. Und König Alfons von Kastilien (14. Jahrhundert) verbot allen Rittern, die nach Knoblauch stanken, einen Monat lang den Zutritt zum Hof.

Der Provence-Dichter Frédéric Mistral nannte Ende des 19. Jahrhunderts sogar eine Zeitung nach der berühmten Knoblauchsauce Aïoli.

Unverletzte Knoblauch-knollen sind geruchlos.

Rohkost wieder mehr zur Geltung. Meist wird nur sein Saft gebraucht." Doch sollte es ein wenig dauern, bis er bei uns „zur Geltung" kam – sein Ge-

ruch galt schlichtweg als nicht gesellschaftsfähig.

Auch in der feinen Küche war der Knoblauch hierzulande verpönt: „*Er kömmet bey uns nicht auf fürnehme Taffeln / wie wol in Polen und Muszcaw geschiehet: sondern er wird mehr für eine Baurn-artzney gehalten.*" (Sigismund Elsholtz, Diaeteticon 1662).

Noch Mitte der achtziger Jahre wurde in Garten- oder Küchenratgebern vor übermäßigem Genuss der „übelriechenden" Knolle gewarnt. Dies hat sich inzwischen geändert – zwar werden sensible Mitmenschen vor einem Rendezvous oder einer

Zur Info

Hausmittel gegen Knoblauchgeruch

Knoblauch ist ein starkes Würzmittel – bereits 0,1 g Knoblauchpulver in einem Kilogramm Lebensmittel sind deutlich herauszuschmecken. Und bekanntlich ist sein Geruch auch noch mindestens einen Tag nach dem Genuss wahrnehmbar, denn das schwefelhaltige Allicin wird über den Atem und die Hautporen abgegeben, was vor allem diejenigen, die keinen Knoblauch gegessen haben, nicht schätzen. Es gibt eine Reihe von Hausmitteln, die den Geruch mildern sollen.

- *Chlorophyll (der grüne Farbstoff in Pflanzen) soll die Geruchsabgabe mindern, daher kann man während oder nach dem Knoblauchgenuss reichlich grüne Kräuter wie Petersilie oder Minze essen. Weniger zu beißen hat man, wenn man stattdessen Chlorophyll-Dragees aus der Apotheke einnimmt.*
- *Auch das Kauen von in Essig eingelegten Ingwerscheiben soll den Geruch verringern.*
- *Besser schmeckt da sicher das Glas Rotwein, das die Franzosen empfehlen. Falls es nichts nützen sollte, passt der Wein immerhin gut zu vielen Knoblauchgerichten.*
- *Das Kauen von Gewürznelken oder das Trinken eines Glases frischer Milch soll den Geruch ebenfalls reduzieren.*

Petersilie

Rotwein

Gewürznelken

Hintergrund

Hintergrund

„Jeder nimmt den Knoblauchgeruch wahr, bis auf denjenigen, der Knoblauch gegessen hat und sich wundert, warum sich alle von ihm abwenden." (Alexandre Dumas , 1873)

wichtigen Besprechung auch heute noch auf Knoblauchgenuss verzichten, doch ist die Reizschwelle gegenüber seinem würzigen Geruch deutlich gesunken. Sicher haben Reisen in die Mittelmeerländer und nach Asien, aber auch die zahlreichen italienischen, griechischen, spanischen oder chinesischen Restaurants, die bei uns heute zum selbstverständlichen kulinarischen Angebot gehören, dazu beigetragen.

Asien

Während Knoblauch fast überall in Asien unverzichtbar ist, wird er in der japanischen Küche gar nicht verwendet. Eine Ausnahme gibt es jedoch: Für Rindfleisch-Sushi wird das hauchdünn geschnittene Fleisch mit zerdrücktem Knoblauch eingerieben.

Bei den Brahmanen (hinduistische Priester und Gelehrte) sind Knoblauch und Zwiebeln tabu, weil sie glauben, dass diese Gemüse die niederen Instinkte des Menschen entfachen.

Besonders reichlich wird Knoblauch in Burma, Thailand und Korea verwendet. In der burmesischen Küche wird frittierter Knoblauch über viele Gerichte gestreut. In Thailand ist er häufig Bestandteil der Curry-Pasten, die den unterschiedlichsten Gerichten beigegeben werden. Koreanisches Essen wird gewöhnlich von einem Knoblauchduft umweht. Die Zehen werden in den unterschiedlichsten Zubereitungsarten serviert: eingelegt, roh oder leicht gekocht.

In Südindien und auf Sri Lanka werden ganze Knoblauchzehen als Gemüse serviert. In China schließlich ist Knoblauch Bestandteil der meisten Gerichte – er wird jedoch häufig so dezent eingesetzt, dass man ihn nicht immer herausschmeckt.

■ Knoblauchfeste

Arleux, ein kleines Städtchen südlich von Lille in Nordfrankreich, schmückt sich mit dem Namen „Hauptstadt des geräucherten Knoblauchs". Seit dem 16. Jahrhundert wird der dort gestochene Torf zum Räuchern der Spezialität verwendet. Das Knoblauchfest im September bietet neben einem Markt auch einen Wettbewerb im Knoblauchzopf-Flechten und die Wahl einer Knoblauch-Königin – die gekrönte Dame darf sich ihr Gewicht in Knoblauch aufwiegen lassen.

Natürlich möchte Lautrec, der Herkunftsort des berühmten rosa Knoblauchs, nicht auf ein eigenes Knoblauchfest verzichten. Dieses bietet am ersten Wochenende im August reichlich Kulinarisches und Kultur, unter anderem einen Umzug der „Bruderschaft des Rosa Knoblauchs". Ganz Lautrec ist dann mit den typischen „Manouilles" dekoriert: Knoblauchzehen, die in Form von Trauben angeordnet werden.

Auf eine lange Tradition kann der Knoblauchmarkt in Uzès im Süden Frankreichs zurückblicken: Er ist durch

Hintergrund

ein königliches Schreiben aus dem Jahr 1571 urkundlich bezeugt und findet immer am 24. Juni, dem Johannistag, statt. Früher deckten sich die Menschen dort für das ganze Jahr mit Knoblauchvorräten ein. Heute steht dagegen das Freizeiterlebnis im Vordergrund, denn gleichzeitig findet eine stimmungsvolle Sonnwendfeier statt.

Schließlich wartet auch Marseille, die größte Stadt Südfrankreichs, im Sommer mit einem Knoblauchmarkt auf. Dort kann gleichzeitig Miniatur-Porzellan erstanden werden.

Ein Fünftel der spanischen Knoblaucherte kommt aus den Anbaugebieten um die Gemeinde Las Pedroñeras, die den Beinamen „Hauptstadt des Knoblauchs" führt. Hier dreht sich alles um den qualitativ sehr hochwertigen „Ajo morado", den lila Knoblauch, vor allem während der Internationalen Knoblauchmesse. Sie wendet sich zwar an Fachbesucher, doch finden zahlreiche, auch für Touristen interessante Begleitveranstaltungen statt, vor allem natürlich solche lukullischer Natur.

Märkte in südlichen Ländern warten mit einem reichhaltigen Angebot an Knoblauch auf.

Auch auf die britischen Inseln ist der Knoblauchgenuss vorgedrungen. Im Süden von London wird im Arreton Valley ein sehr guter Knoblauch angebaut, der beim „Isle of Wight Garlic Festival" unter anderem mit einem großen Erzeugermarkt gefeiert wird.

Das größte geschlossene Knoblauch-Anbaugebiet der Welt (6000 ha) befindet sich rund um die Stadt Gilroy in Kalifornien. Folglich nennt sie sich stolz „Hauptstadt des Knoblauchs". Seit 1979 wird hier Ende Juli das große „Gilroy Garlic Festival" veranstaltet. Über 120.000 Besucher pilgern jährlich dorthin, um das Kultur-angebot und natürlich die Spezialitäten zu genießen. Einer der Höhepunkte ist die Krönung der „Miss Gilroy Garlic Queen".

■ Dekoration

Neben allen gesundheitsfördernden und lukullischen Qualitäten können Knoblauch und Bärlauch auch etwas fürs Auge bieten.

...mit Knoblauch

Die bekannteste Knoblauchdekoration ist zweifellos der klassische Knoblauchzopf. Er macht sich beispielsweise gut als Schmuck an einer

Flechten Sie aus Ihrem selbst geernteten Knoblauch doch einmal einen Zopf!

Bärlauch- und Knoblauchfeste

Land	Veranstaltung	Ort	Zeitraum	Info
Deutschland	Eberbacher Bärlauchtage	Eberbach	März/April	Tourist-Information Tel. (06271) 4899 Fax (06271) 1319 E-Mail: tourismus@eberbach.de
Österreich	Bärlauchlauf Mureck	Mureck/ Steiermark	April	Stadtverwaltung Tel. 0043 (0) 3472-21050
Frankreich	Foire de l'Ail et Feu de la Saint Jean (Knoblauchmarkt und Johannisfeuer)	Uzès	24. Juni	Office de Tourisme Place Albert 1er Uzès Tel. 0033 (0) 466226888 E-Mail: otuzes@wanadoo.fr
	Fête de l'Ail Rose (Fest des rosa Knoblauchs)	Lautrec	erstes Wochenende im August	Office de Tourisme de Lautrecois Rue de la Mairie 81440 Lautrec Tel. 0033 (0) 5 63 75 31 40 Fax 0033 (0) 5 63 75 32 90
	Foire à l'Ail (Knoblauchmarkt)	Arleux	erstes Wochenende im September	Stadtverwaltung Monsieur Dumure Tel. 0033 (0) 327943737
	La Foire à l'Ail et aux Taraïettes (Knoblauch- und Miniaturgeschirr-Markt)	Marseille	Ende Juni / Anfang Juli	Office du Tourisme 4, La Canabiere 13001 Marseille Tel. 0033 (0) 4 91 13 89 00 Fax 0033 (0) 4 91 113 89 20
Spanien	Knoblauchmesse	Las Pedroñeras, Mancha	letzte Juliwoche	Stadtverwaltung Tel. 0034 (0) 967139002
Großbritannien	Isle of Wight Garlic Festival (Knoblauchfest)	Isle of Wight	Mitte August	Festivalbüro Tel. 0044 (0) 1983-853411 Fax 0044 (0) 1983-856411 E-Mail: garlicfestival@islandpartners.co.uk
USA	Gilroy Garlic Festival (Knoblauchfest)	Gilroy, Kalifornien	letztes Wochenende im Juli	Gilroy Garlic Festival Association Tel. (001) 408 8421625 E-Mail: clove@gilroygarlicfestival.com

Hintergrund

25

Gartenlaube. Kürzen Sie die Stängel beziehungsweise Blätter des getrockneten Knoblauchs auf etwa 15 cm Länge. Knüpfen Sie einen 70 bis 100 cm langen, starken Bindfaden oder eine dünne Paketschnur zu einer Schlaufe und hängen Sie diese mit dem Knoten nach oben an einen stabilen Haken, beispielsweise einen Garderobenhaken oder einen Nagel. Die Länge der Schlaufe entspricht der Länge des fertigen Zopfes. Sie beginnen am unteren Ende und flechten den Knoblauchtrieb je einmal fest um jede Seite der Schlaufe. Dann die nächste Knolle nehmen, fest auf die untere drücken und ebenso an der Schlaufe befestigen. So fortfahren, bis der Zopf die gewünschte Länge erreicht hat.

Sehr effektvoll ist auch ein Kranz aus Kräutern und Knoblauch. Kaufen Sie dazu einen fertigen Kranz aus Zweigen. Schneiden Sie etwa sieben Würfel aus Steckschwamm zurecht, wässern Sie diese und stecken Sie Kräutersträußchen nach Wahl hinein. Die Schwämme werden zwischen den Zweigen festgeklemmt. Knoblauchzehen, die noch etwa 15 cm ihrer getrockneten Stiele besitzen müssen, werden ebenfalls in den Kranz gesteckt und befestigt, indem man die Stiele ein Stück um die Zweige wickelt. Noch vorhandene Lücken schließt man beispielsweise mit Brombeerblättern aus dem Garten. Wer möchte, umwickelt alles locker mit Bast.

Sehr dekorativ: die zarten, sternförmigen Blüten des Bärlauchs

Eine einfache, aber effektvolle Dekoration ist eine Tischgirlande aus Knoblauch: Dafür die Stiele des Knoblauchs an breitem Geschenkband festtackern und zusätzlich mit Schleifen, die man aus demselben Band oder Geschenkband einer anderen Farbe zurechtschneidet, daran festbinden. Die Girlande wird beispielsweise leicht schlangenförmig in die Mitte des Tisches gelegt.

Häufig sind ganz schlichte Dekorationen besonders effektvoll: Legen Sie große, schöne Knoblauchknollen einfach in eine flache Schale, eine Glasvase oder ein großes gläsernes Windlicht.

Originelle Tischkarten für ein Essen mit Knoblauchgerichten: Schreiben Sie die Namen der Gäste auf kleine Kärtchen, die Sie mit buntem Faden an den Stielen von Knoblauchknollen festbinden. Diese werden zu den Servietten auf die Teller gelegt.

...und mit Bärlauch

Da der Bärlauch nicht lange haltbar ist, eignet er sich nur für Sträuße oder Gestecke. Wie wäre es einmal mit einem Frühlingsstrauß aus Bärlauchblüten und -blättern, beispielsweise kombiniert mit Hyazinthen, Narzissen oder Ranunkeln? Als Schnittblumen verlieren die Blütendolden bald den strengen Knoblauchgeruch. Schön ist auch ein kleines Gesteck, bei dem man ein gewässertes Steckschwämmchen mit Bärlauchblüten besetzt.

27

Sammeln und Anbau

In Natur und Garten

Während der Bärlauch erst seit ein paar Jahren als Gartenpflanze im Kommen ist, begann der Knoblauch schon vor Jahrzehnten, in unseren Gärten heimisch zu werden. Neben ihrem typisch „knofeligem" Geruch haben die beiden miteinander verwandten Lauchgewächse eine weitere Gemeinsamkeit: Stimmt der Standort, sind sie ausgesprochen leicht zu kultivieren. Dies gilt vor allem für den Bärlauch, denn als Wildpflanze braucht er so gut wie keine Pflege. Doch auch der Anbau von Knoblauch ist für Gartenanfänger kein Problem.

■ Die Lilienähnlichen

Was verbindet die würzig riechenden Pflanzenarten Bärlauch und Knoblauch mit den lieblich duftenden Lilien, Tulpen und Hyazinthen? Sie alle gehören zu den Lilienähnlichen (Liliidae). Früher wurden sie sogar als eine Pflanzenfamilie, die Liliengewächse (Liliaceae), angesehen, doch wurde diese vor Kurzem neu geordnet. Knoblauch und Bärlauch gehören nun zur Familie der Lauchgewächse (Alliaceae).

Als Gemüse werden innerhalb der Lilienähnlichen nur vier Gattungen angebaut und genutzt: *Allium, Lilium, Muscari* und *Asparagus*. Davon wiederum ist die Gattung *Allium* besonders interessant: Neben Bärlauch (*Allium ursinum*) und Knoblauch (*Allium sativum*) gehören zu ihr Speisezwiebel, Schnittlauch und Frühlingszwiebel.

■ Bärlauch – eine heimische Wildpflanze

Als Wilder Knoblauch und Waldknoblauch wird er auch bezeichnet – und wer einmal an einem warmen Frühlingstag die von Knoblauchgeruch durchzogene Luft, die über den Bärlauchpflanzen schwebt, eingeat-

Ramser, Ramsen, Zigeunerlauch und Hexenzwiebel sind weitere Namen des Bärlauchs.

met hat, wird bestätigen, dass der Bärlauch diese Namen zu Recht trägt.

Standorte und Botanik

Der Bärlauch kommt in der freien Natur meist in Massen vor, es gibt regelrechte Bärlauch-Wiesen. Sein bevorzugter Standort sind feuchte, humusreiche Laubwälder, von Bächen durchzogene Schluchten, Quellstellen und Auen. In Mittelgebirgen ist er häufig in Buchenwäldern zu finden. Nie zu sehen ist der Bärlauch dagegen auf offenen Wiesen und in trockenen Kiefernwäldern.

Die Lilienähnlichen (Liliidae): Für den Gemüsebau wichtige Gattungen

Gattung	Besonderheit	Art (Beispiel)
Allium	Bei uns bedeutende Gattung für den Gemüsebau	Bärlauch (Allium ursinum) Knoblauch (Allium sativum)
Lilium	Bei uns nur als Zierpflanze bekannt, in Asien als Gemüse angebaut	Tiger-Lilie (Lilium lancifolium)
Muscari	Am Mittelmeer als Gemüse verwendet	Schopf-Traubenhyazinthe (Muscari comosum)
Asparagus	Bei uns äußerst beliebtes Gemüse	Spargel (Asparagus officinalis)

Sammeln und Anbau

Zur Info

Exotische Mitglieder der Allium-Gattung

Nicht nur die Speisezwiebel und die Gemüsezwiebel gehören neben Knoblauch und Bärlauch zu dieser Pflanzengattung – es sind viele auch bei uns unbekanntere, aber sehr wohlschmeckende Arten darunter. Sie können ebenfalls im Garten angebaut werden.

Der Schnittknoblauch (Allium tuberosum) schlägt geschmacklich eine Brücke zwischen Knoblauch und Schnittlauch. Die Pflanze ist größer als Schnittlauch und hat dicke Blätter, die nicht wie beim Schnittlauch hohl, sondern flach sind. In ganz Asien wird Schnittknoblauch, der auch als „Chinese chive" bekannt ist, gern in der Küche verwendet. Dort werden auch die Blüten und Stängel gedünstet gegessen.

Chinesischer Lauch (Allium ramosum) ähnelt dem Schnittknoblauch, doch sind seine Blätter größer und breiter. Sein Aroma ist reichhaltiger. Die Pflanze hat schöne, weiße Blüten und ist auch als Zimmerpflanze geeignet.

Die Winterheckzwiebel (Allium fistulosum) ähnelt der Rocambole (Italienischer Knoblauch) und ist ebenfalls in der asiatischen Küche sehr beliebt. Sie kann auf die gleiche Weise wie die Frühlingszwiebel in der Küche verwendet werden.

Der Society garlic (Tulbaghia violacea), auch Zimmerknoblauch genannt, hat seinen Namen vermutlich von den Gesellschaftsinseln im Stillen Ozean erhalten. Er gehört nicht zu den Allium-Arten – doch vom Aussehen her fügt sich dieser „falsche Verwandte" perfekt in die Gattung ein. Seine Blätter werden wie die des Schnittknoblauchs verwendet, sein Geschmack erinnert an Shiitake-Pilze. Er hat schöne lila Blüten und kann auch als Zimmerpflanze kultiviert werden.

Von links nach rechts: Winterheckzwiebel, Perlzwiebel, Küchenzwiebel und Schnittknoblauch

Oft findet man Rotbuche, Buschwindröschen, Schlüsselblume, Gefleckten Aronstab und Ährige Teufelskralle in unmittelbarer Gesellschaft des Bärlauchs.

Die Pflanze kommt nur auf der Nordhalbkugel vor und wächst in fast ganz Nord- und Mitteleuropa sowie in Nordasien (Kleinasien, Kaukasus, Sibirien bis zur Halbinsel Kamtschatka), fehlt allerdings in heißen und trockenen Gegenden, beispielsweise in der immergrünen Region des Mittelmeers. Bärlauch braucht Feuchtigkeit und ist nicht an Wassermangel angepasst: Dies erkennt man auch daran, dass die Blätter rasch welken, nachdem man sie von der Pflanze abgeschnitten hat.

In Deutschland ist der Bärlauch vom Voralpenland bis zur Insel Rügen verbreitet. In den Mittelgebirgen, beispielsweise in der Eifel oder im Harz, findet man oft ausgedehnte Standorte.

Bärlauch und Buschwindröschen gehören zu den ersten lang ersehnten Frühlingsboten. Bärlauchfans sind begeistert, wenn sie zwischen Ende März und Anfang April die jungen Pflänzchen entdecken. Zu dieser Zeit beginnt die Zwiebel mit dem Austrieb der Blätter. Mit ihrem zarten Grün beleben sie den noch von den braunen Blättern des vergangenen Herbstes bedeckten Waldboden. Die Bärlauchblätter werden 20 bis 30 cm lang, sind lanzettförmig und lang gestielt. Auf einem bis zu 30 cm hohen Stängel bildet der Bärlauch seinen kugelförmi-

Der ideale Erntezeit-punkt für Bärlauch-blätter liegt vor dem Einsetzen der Blüte.

die zarten Blüten abfallen, werden die kugeligen grünen Samenstände sichtbar. Dann ist es mit der Pracht auch schon bald vorbei, denn die Vegetationsperiode des Bärlauchs ist kurz: Ab Juni, wenn Wachstum und Blüte der Pflanze abgeschlossen sind, beginnen die Blätter zu welken – die Pflanze fällt in ihren Sommerschlaf, um erst im nächsten Vorfrühling wieder in Erscheinung zu treten.

Wenn man im Hochsommer an Bärlauch-Standorten vorbeikommt und dort nichts als braunes Laub auf dem Boden sieht, kann man kaum glauben, dass dieser noch vor ein paar Monaten von knofelig-duftendem Grün überzogen war.

Tipps zum Sammeln

Wo der Bärlauch wächst, erfahren Sie im Abschnitt „Standorte und Botanik" auf Seite 30f. Selbstverständlich sollte sein, dass man beim Sammeln die Natur schont! In Naturschutzgebieten ist das Sammeln von Pflanzen grundsätzlich nicht erlaubt. Außerhalb davon dürfen Wildpflanzen in haushaltsüblichen Mengen für den Eigenbedarf gepflückt werden, sofern sie nicht unter die Bundesartenschutzverordnung fallen. Dies ist beim Bärlauch nicht der Fall. Allerdings steht er in Brandenburg und Schleswig-Holstein auf der roten Liste gefährdeter Pflanzen – diese Tatsache verbietet das Sammeln zwar nicht, doch sollte man in diesen Regionen besonders sensibel sein. Fragen Sie im

gen Blütenstand. Die Scheindolde besteht aus weißen, sternförmigen Einzelblüten.

Die beste Erntezeit für die Blätter liegt, wie bei Kräutern generell, vor dem Beginn der Blüte. Jetzt schmeckt die Pflanze am aromatischsten, da sie ihre Kräfte noch nicht für die Blütenbildung „verausgabt" hat. Die Hauptblütezeit des Bärlauchs ist der Mai, witterungsbedingte Unterschiede von 6 bis 8 Wochen sind möglich. Wenn

Sammeln und Anbau

Die Gattung Allium – häufig kultivierte Arten

Nutzung	Allium-Arten
Gemüse oder Kraut	Bärlauch (Allium ursinum)
	Knoblauch (Allium sativum)
	Schnittlauch (Allium schoenoprasum)
	Lauch oder Porree (Allium porrum var. porrum)
	Speise- oder Küchenzwiebel (Allium cepa var. cepa)
	Schalotte (Allium cepa var. ascalonicum)
	Silberzwiebel (Allium cepa var. cepa und var. fistulosum)
	Perlzwiebel oder Echte Perlzwiebel (Allium porrum var. sectivum)
	Schnittknoblauch (Allium tuberosum)
	Chinesischer Lauch (Allium odorum)
	Winterheckzwiebel (Allium fistulosum), auch als Zierpflanze verwendet
Zierpflanze	Allium aflatunense 'Purple Sensation'
	Allium obliquum
	Allium karataviense
	Rosa Zierlauch (Allium roseum)
	Allium sphaerocephalon

Zweifelsfall bei örtlichen Naturschutzverbänden nach, ob der Bestand des Bärlauchs in Ihrer Gegend gefährdet ist.

Selbst ausgedehnte Bestände vertragen es nicht, wenn am Wochenende Massen von Bärlauch-Liebhabern über sie hinwegziehen. Man sollte also darauf achten, dass man nicht auf die zarten Pflanzen tritt und dabei die Blätter zerquetscht. Am besten nur am Rand von Bärlauch-„Feldern" ernten. Zum Abschneiden der Blätter benutzt man ein scharfes, kleines Messer oder eine Küchenschere. Auch sollte man jeweils nur ein Blatt pro Pflanze abschneiden – schließlich braucht diese ihre Blätter für die Photosynthese und um Nährstoffe in der Zwiebel zu speichern, die ihr im nächsten Jahr wieder Kraft zum Austreiben geben. Das Ausgraben von Pflanzen im Wald schädigt das Ökosystem und sollte selbstverständlich unterbleiben.

Die Blätter kann man in einem Körbchen nach Hause transportieren. Auf keinen Fall sollten sie zusammengedrückt werden, denn sie sind sehr empfindlich. Einmal geerntet, verlieren sie rasch an Feuchtigkeit und „machen schlapp". Für einen längeren Transport empfiehlt es sich, die Blätter in Gefrierbeuteln aufzubewahren, in die man etwas Wasser gibt. Die Beutel dann leicht aufblasen und zubinden.

Laubwälder sind typische Bärlauch-standorte.

Zur Info

Nicht verwechseln!

Wer Bärlauch im Wald sammeln möchte, sollte sich gut mit dem Aussehen der Pflanze vertraut machen, denn immer wieder kommt es zu gefährlichen Verwechslungen mit den giftigen Maiglöckchen oder Herbst-Zeitlosen.

Das auffälligste Charakteristikum des Bärlauchs ist natürlich sein knoblauchartiger Geruch, der sofort freigesetzt wird, wenn man ein Blatt mit den Fingern leicht zerreibt. Doch Vorsicht: Beim Sammeln geht der Geruch auf die Finger über, und dann besteht die Gefahr einer Verwechslung. Daher sollte man sich das Aussehen des Bärlauchs gut einprägen: Seine Blätter sind meist zu zweit angeordnet und enden in 5 bis 20 mm langen Stielen. Sie umgreifen einander nicht. Beim Maiglöckchen wachsen dagegen immer zwei Blätter direkt aus dem Boden. Wenn beide Pflanzen dann im Mai blühen, sollte eine Verwechslung eigentlich ausgeschlossen sein. Auch die Blätter der Herbst-Zeitlosen sind stiellos und wachsen wie eine Rosette. Zudem sind die Blätter der beiden giftigen Pflanzen breiter als die des Bärlauchs.

Die Blätter von Maiglöckchen...

...und Herbst-Zeitlose sind stiellos!

■ Anbau von Bärlauch im Garten

Bärlauch gedeiht prächtig im Garten und bedarf so gut wie gar keiner Pflege. Er breitet sich sogar von selbst aus. Allerdings muss der Standort stimmen.

Der ideale Standort

Der Boden sollte humusreich, nicht zu basenarm, tiefgründig und „frisch" sein, also weder zu trocken noch zu feucht. Der ideale Platz ist halbschattig, liegt unter Laubgehölzen oder unter einer Hecke aus Laub abwerfenden Sträuchern.

Der Stiel der Bärlauchblätter ist deutlich sichtbar.

Sammeln und Anbau

Zur Info

Achtung Fuchsbandwurm!

Die Angst vor einer Infektion mit dem Fuchsbandwurm ist weit verbreitet. Da Füchse sich der Zivilisation angepasst haben und teilweise sogar in den Städten leben, ist auch ein Bärlauch-Anbau im Garten keine hundertprozentige Absicherung. Wie kann man sich wirksam schützen?

Wirklich sicher abgetötet werden die Eier des Fuchsbandwurms nur durch Erhitzen: Wird der Bärlauch kurz gekocht oder mit kochendem Wasser überbrüht, sind Sie auf der sicheren Seite. Einfrieren dagegen nützt nichts, zumindest nicht bei den im Haushalt üblichen Temperaturen. Gründliches Waschen ist immer von Vorteil, doch bleibt hier ein Restrisiko erhalten.

Einen fuchssicher eingezäunten Garten werden die wenigsten besitzen, aber es besteht die Möglichkeit, einen Teilbereich mit Maschendraht zu umranden, in dem man Kräuter zum Rohverzehr anbaut.

Pflänzchen, Zwiebeln oder Samen

Viele Gärtnereien bieten mittlerweile Bärlauchpflänzchen für den Garten an (siehe Bezugsquellen, Seite 78). Man pflanzt diese im Frühjahr im Garten ein. Man kann den Bärlauch auch aus Zwiebeln oder Samen ziehen. Die Zwiebeln werden einfach im Herbst etwa 10 cm tief in den Boden gesteckt.

Geerntet werden kann schon im nächsten Frühjahr, wenn auch die Blätter noch recht klein sind. Lohnender wird die Ernte erst nach drei bis vier Jahren, wenn die Pflanze mehrmals Samen gebildet und sich von selbst ausgesät hat.

Die Anzucht aus gekauftem Saatgut ist schwieriger. Die Samen müssen ganz frisch sein und am besten schon im Juli ausgesät werden. Älteres Saat-

Bärlauchsetzlinge sind seit ein paar Jahren immer häufiger im Angebot. Halten Sie danach in Gärtnereien, beim Gemüsehändler und auf Wochenmärkten Ausschau.

Bärlauchzwiebeln sind länglich und schlank.

gut keimt nur zu einem geringen Prozentsatz. Man sät am besten direkt im Freiland aus und sollte darauf achten, dass die Stelle nicht mit Gras überwuchert wird, sonst haben die zarten Pflänzchen keine Chance. Bärlauch ist ein Kaltkeimer: Erst die Frosteinwirkung im Winter löst den Keimvorgang aus. Wenn man Glück hat, zeigen sich im Frühjahr die ersten kleinen Pflanzen, von denen man aber frühestens im nächsten Jahr ernten kann. Sicherer und schneller zum gärtnerischen Erfolg führen Setzlinge!

Pflege und Vermehrung

Ist der Bärlauch erst einmal im Garten heimisch geworden, ist er denkbar anspruchslos, besondere Pflegemaßnahmen sind nicht nötig. Auch Düngung ist überflüssig – als Wildkraut würde der Bärlauch sie gar nicht schätzen. Es erscheinen jedes Jahr mehr Pflänzchen, denn die Pflanze sät sich selber aus. Die Jungpflanzen können auch an ganz anderen Orten im Garten auftauchen, denn die Samen werden von

Zur Info

Vom Scheitel bis zur Sohle

Ätherisches Öl, das schwefelartige Komponenten enthält, verleiht dem Bärlauch seinen charakteristischen Duft. *Dieser bildet sich aber erst nach der Verletzung der Pflanze, beispielsweise nach dem Abschneiden der Blätter: Bei Verletzung der Zellen wandelt sich das geruchsneutrale, schwefelhaltige Alliin in das typisch knoblauchartig riechende Allicin. Dieser Wirkstoff ist in der ganzen Pflanze enthalten. Sein Geruch erfüllt den biologischen Zweck, die Pflanze zu schützen und Tiere von ihrem Verzehr abzuhalten. Auf den Menschen, zumindest auf die Liebhaber knofeliger Genüsse, haben die ätherischen Öle eher die umgekehrte Wirkung... Übrigens sind alle Teile des Bärlauchs essbar: von der Zwiebel über die Blätter bis zu den Blüten und den jungen Samen.*

Ameisen verschleppt. Außerdem vermehrt sich Bärlauch vegetativ über die Zwiebeln und wächst dann in dicken Büscheln.

■ Ernten, Lagern und Konservieren

Bis auf die harten, reifen Samen können alle Teile der Bärlauchs verwendet werden: Blätter, Zwiebeln, Knospen, Blüten und die noch grünen und weichen Samenstände. Wie schon im Abschnitt „Tipps zum Sammeln" (Seite 32f.) beschrieben, sollte man bei der Ernte schonend vorgehen, um den Bestand zu erhalten.

Geerntete Bärlauchblätter sollten schnellstmöglich verbraucht werden, denn sie verlieren rasch ihre Frische. Man kann sie höchstens einen Tag im Gemüsefach des Kühlschranks aufbewahren. Dabei wendet man die glei-

Der Name „Knoblauch" leitet sich von dem althochdeutschen Wort „chlofalauh" her, was Klauen- oder Zehenlauch bedeutet. Knoblauch könnte man also als „gespaltenen Lauch" bezeichnen – dadurch ist die in mehrere Zehen gespaltene Zwiebel treffend beschrieben.

che Methode an, die sich bei frischen Kräutern bewährt hat: Man umwickelt die Stiele mit gründlich in Wasser getränktem Küchenpapier und gibt die Blätter in einen Frischhaltebeutel, der verschlossen wird. Bärlauchblätter eignen sich nicht zum Trocknen, denn dabei verlieren sie ihr ganzes Aroma. Auch beim Einfrieren leidet das Aroma, die Blätter werden darüber hinaus matschig und sehen als Ganzes nicht mehr dekorativ aus. Daher hackt man sie vor dem Einfrieren am besten klein und friert sie portionsweise in Tiefkühlbeuteln ein. Weitere Tipps zum Konservieren der Bärlauchblätter finden Sie im Kapitel „Feine Rezepte" (siehe Seite 58ff.).

Die Zwiebeln sind – ähnlich wie Frühlingszwiebeln – einige Tage im Kühlschrank haltbar. Größere Exemplare können etwas zäh sein. Zwiebeln sollte man nur aus dem eigenen Garten ernten, denn dadurch macht man der Pflanze den Garaus. Man gräbt sie am besten im Sommer aus, nachdem die Blätter eingetrocknet sind, oder im Herbst.

Die Knospen und Blüten können als Garnitur oder Salatzutat verwendet werden. Die grünen Samen kann man – wie Kapern – in Salzlake oder Essig einlegen, sie halten sich in einem verschlossenen Glas im Kühlschrank einige Wochen.

■ Knoblauch

Knoblauch wird ganz anders angebaut als Bärlauch und liebt einen

*Die Knoblauchblüte –
so schön wie eine
exotische Orchidee*

langgezogenen Hochblatt umhüllt. Manche Knoblauchtypen bilden gar keine Blütenstände aus, dies hat aber keinen Einfluss auf den Ertrag.

Das eigentliche Objekt der gärtnerischen Begierde befindet sich am anderen Ende der Pflanze: die etwa 5 cm große Zwiebel – in der Küche auch Knolle genannt. Sie ist von einer pergamentartigen Hülle überzogen, die hellgrün, weiß, rosa- oder lilafarben sein kann. Die Knolle besteht aus einer Hauptzwiebel, die ringsum von mehreren länglichen, gekrümmten Nebenzwiebeln, den so genannten Zehen, umschlossen ist. Sie sind 2 bis 3 cm lang und von dünnen Häutchen umgeben. Die Zwiebelscheibe ist mit vielen kurzen Würzelchen besetzt.

Botanisch gesehen gehört Knoblauch zu den ausdauernden Pflanzen, doch in Kultur wird er meist ein- oder zweijährig gehalten. Knoblauch (*Allium sativum*) ist eine von etwa 280 Arten der Gattung *Allium*. Seine Wildform ist unbekannt. Bei uns werden zwei Varietäten kultivert: *Allium sativum* var. *sativum*, auch als Echter Knoblauch bezeichnet, und der Rocambole (*Allium sativum* var. *ophioscorodum*), auch Italienischer Knoblauch oder Schlangenknoblauch genannt.

Schließlich sei noch der Riesenknoblauch (*Allium ampeloprasum* 'Elephant') erwähnt – auch als Elefanten- oder Gemüseknoblauch bezeichnet – eine mit bis zu 150 cm sehr großwuchsige Sorte, die dem Porree ahnelt. Seine Zwiebel ist etwa fünfmal so

eher trockenen Standort. Dennoch ist er bei der richtigen Behandlung ebenso einfach zu kultivieren wie sein Verwandter.

Botanik und Varietäten

Die Knoblauchpflanze wird 30 bis 90 cm hoch. Ihr Stängel ist nur bis etwa zur Mitte mit Blättern besetzt, sie sind fest, breit lineal und hängen herab. Der Blütenstand besteht aus zahlreichen kleinen, rötlich-weißen Blüten. Sie sind unfruchtbar, verharren meist im Knospenstadium und setzen keine Samen an. Anstelle der Blüten treten im Blütenstand oft kleine Brutzwiebeln auf. Der ganze Blütenstand wird von einem schnabelförmigen, groß wie die der anderen Sorten und milder im Geschmack. Beim Riesenknoblauch kann auch das Laub zum Würzen verwendet werden.

■ Anbau von Knoblauch im Garten

Die Kultivierung von Knoblauch ist unkompliziert und mit wenig Aufwand verbunden. Meist werden Zehen gesteckt. Dennoch müssen die Bedürfnisse der Pflanze an Standort, Düngung und Pflege beachtet werden, sonst ist die Enttäuschung über kümmerliche Knollen oder eine ganz ausbleibende Ernte vorprogrammiert.

Bezug von Knoblauchknollen

Knollen für den Erstanbau kann man im Gartenfachhandel oder von einem

Gemüsebetrieb (siehe auch Bezugsquellen, Seite 78) beziehen – oder von einem erfolgreichen Knoblauch-Hobbygärtner. Importierte Marktware aus südlichen Ländern ist an unser Klima nicht angepasst und oft nicht genügend winterhart. Daher eignen sich beim Gemüsehändler gekaufte Zwiebeln, die beispielsweise aus dem Mittelmeerraum importiert wurden, nicht für die Pflanzung.

Standort und Boden

Voraussetzung für ein gutes Gedeihen der aus südlichen Gefilden stammenden Pflanze ist ein sonniger, windgeschützter, warmer und trockener Standort. Der Boden sollte schwer bis mittelschwer sein, also einen gewissen Lehmanteil aufweisen. Ein hoher Humusanteil ist günstig. Baut man Knoblauch auf einem leichten, also eher

Brutzwiebelstände des Knoblauchs in einem bunten Garten

Sammeln und Anbau

sandigen Boden an, wird sein Geschmack zwar gut sein, die Knollen jedoch meist recht klein bleiben. Auf keinen Fall darf Staunässe auftreten, denn wenn die Feuchtigkeit nicht gut abfließt, verfaulen die Knollen. Auch ein verdichtetes Erdreich führt zu Misserfolgen.

Um den Boden zu lockern, sollte man ihn spätestens einen Monat vor der Aussaat 15 bis 30 cm tief umgraben. Pflanzt man den Knoblauch im Frühjahr, sollte das Umgraben bereits im Herbst geschehen, im Frühjahr lockert man den Boden dann noch einmal 10 cm tief auf. Ist der Boden nicht humos genug, kann man ihn beim Umgraben mit Kompost, organischem Dünger oder auch Grünmulch anreichern. Frische Düngung verträgt der Knoblauch nicht, ideal ist, wenn der Boden im Jahr zuvor mit Kompost versorgt wurde. Zu viel Stickstoff ist ebenfalls nicht empfehlenswert, die Knollen verlieren dadurch an Lagerfähigkeit. Da für Knoblauch ein Boden mit ungefähr neutralem pH-Wert (6,5 bis 7,4) am günstigsten ist, sollte bei sauren Böden kalkhaltiges Steinmehl oder Algenkalk ausgebracht werden. Direkt vor dem Auspflanzen kann der Boden mit etwas schwefelhaltigem Düngemitttel angereichert werden, was die Bildung des ätherischen Öls in der Pflanze sicherstellt.

Auspflanzen

Da die Blüten steril sind und keine Samen hervorbringen, ist eine Vermeh-

Knoblauchzehen werden einfach in die Erde gesteckt.

Die Knoblauchknollen sollte man erst unmittelbar vor dem Pflanzen von der Schale befreien, damit sie nicht austrocknen.

Der Knoblauch-Keimling arbeitet sich auch ans Tageslicht, wenn man die Zehen mit der Spitze nach unten oder zur Seite in die Erde steckt. Nur: Es ist dann mit krumm aus dem Erdreich wachsenden Pflanzen zu rechnen, was den auf Ästhetik bedachten Gartenfreund stören wird.

rung nur durch Stecken von Brutzwiebeln oder Zehen oder durch das Auspflanzen von Setzlingen möglich.

Das Stecken von Zehen ist die einfachste und am häufigsten praktizierte Methode. Zunächst wird die Knolle von losen Schalen befreit und in einzelne Zehen geteilt. Dabei sollte noch etwas von der Zwiebelschale vom Grund der Zwiebel erhalten bleiben. Beschädigte, verfärbte oder gar angefaulte Zehen müssen aussortiert werden. Merke: Je größer die Zehe, desto größer die spätere Zwiebel!

Beim Setzen der Zehen wählt man einen Reihenabstand von etwa 25 cm und in der Reihe einen Pflanzabstand von etwa 15 cm. Die Zehen drückt man mit der Spitze nach oben 7 bis 8 cm tief in den Boden. Diese Pflanztiefe ist für gut ausgebildete, kräftige Zwiebeln wichtig.

Man sollte den Knoblauch nur alle vier bis fünf Jahre an der gleichen Stelle pflanzen. Dies gilt auch für Beete, auf denen andere *Allium*-Arten

Knoblauch ist in der Mischkultur ein idealer Partner für Erdbeeren.

kultiviert wurden. Dadurch beugt man dem Befall mit Krankheitserregern vor.

Gepflanzt wird am besten im Herbst Ende Seiptember. Der Zeitpunkt sollte auf jeden Fall vier bis sechs Wochen vor dem ersten Bodenfrost liegen, damit der Keimprozess vorher einsetzen kann. Der Vorteil der Herbstpflanzung: Da die Knolle mehr Zeit hat, sich zu entwickeln, kann man im Sommer größere Zehen ernten. Alternativ kann auch im März gepflanzt werden. Dafür müssen die Knollen natürlich länger gelagert werden, was eine Verschlechterung des Pflanzgutes mit sich bringt.

In feuchten Wintern ist die Gefahr des Verfaulens der Zehen bei der Herbstpflanzung natürlich größer. Eine Alternative zur Auspflanzung im Beet kann in solchen Fällen sein, die Zehen in Multitopfplatten zu stecken, diese an einen regengeschützten Ort zu stellen und erst im Frühjahr an Ort und Stelle auszupflanzen.

Zur Info

Nutzbringende Partnerschaft

Sie möchten kein ganzes Beet für den Knoblauch reservieren, weil Sie beispielsweise ausprobieren möchten, ob er bei Ihnen auch gut gedeiht? Kein Problem, denn er ist ein guter Partner für Mischkulturen.
Knoblauch kann zwischen Erdbeeren und Rosen gepflanzt werden, die ebenfalls einen sonnigen Standort lieben. Fenchel und Möhren sind weitere empfehlenswerte Kulturpartner. Knoblauch schützt Erdbeeren vor Grauschimmel und beugt allgemein Pilzerkrankungen vor.

Pflege

Zu viel Feuchtigkeit bekommt dem Knoblauch nicht – doch auch völlige Trockenheit ist nicht das Richtige! Auf keinen Fall sollte man die Erde ganz austrocknen lassen, sondern mäßig, aber regelmäßig gießen. Nehmen Sie etwas Erde in die Hand und drücken Sie diese leicht zusammen. Nun lassen Sie

Sammeln und Anbau

Zur Info

Biologischer Pflanzenschutz

Knoblauchjauche hilft vorbeugend gegen Pilzerkrankungen und kräftigt unsere Gartenpflanzen.

Man zerkleinert 500 g Knoblauchzwiebeln und vertrocknete Knoblauchpflanzen und lässt sie eine Woche lang in 10 l Wasser ziehen. Die Jauche wird im Verhältnis 1:10 mit Regenwasser verdünnt und auf den Boden gespritzt.

Ihre Finger wieder locker: Bleibt die Erde zusammengeklumpt, ist sie feucht genug. Ab Juni – wenn die Blätter zu vergilben beginnen, etwa vier Wochen vor der Ernte – sollte auf keinen Fall mehr gegossen werden, dies könnte Fäulnis verursachen. Außerdem trocknen die Hüllblätter in dieser Phase aus, ein zu nasser Boden würde sie schmutzig und unansehnlich machen.

Bei häufigen Regenfällen können die Zehen schwarz werden und verderben. Man sollte sie bei nasser Witterung daher mit einer Folie oder Pflanzhaube vor Nässe schützen. Die weitere Pflege beschränkt sich auf mehrmaliges Hacken und das Jäten von Unkraut. Für eine gute Ernte sind diese Maßnahmen unverzichtbar. Unkraut begünstigt das Auftreten von Krankheiten und Schädlingen.

Die Blütenstände sollten entfernt werden, denn sie schwächen die Bildung der Knollen. Lässt man den Knoblauch blühen, bildet er Brutzwiebeln aus, die im Herbst gesteckt werden können. Man gewinnt aus dieser Pflanzung im nächsten Jahr zehenlose Steckzwiebeln (Rundlinge), die man noch im selben Herbst auspflanzen kann.

Die Ernte

Wer im Herbst gesteckt hat, kann sich schon im Mai hin und wieder eine frische, hellgrüne, noch nicht ganz ausgereifte Knoblauchknolle gönnen. Die Haupterntezeit ist der Juli. Sie kann – je nach Klima und Witterung – aber auch erst im August oder September liegen. Knoblauch aus einer Herbstpflanzung ist etwa vier Wochen früher erntereif als im Frühjahr gesteckter. Ein wichtiges Indiz für den richtigen Erntezeitpunkt ist, dass das Laub der Knoblauchpflanze gelb und trocken wird. Sicherheit gewinnt man aber nur durch eine kleine Probegrabung.

Wenn die frisch geernteten Knollen (links) später so ansehnlich werden sollen wie die Knolle rechts im Bild, muss der Boden bei der Ernte trocken sein.

*Knoblauch zum Trocknen
am besten luftig aufhängen*

Ernten Sie eine oder zwei Knollen: Sie sind reif, wenn sich die Rundungen der einzelnen Zehen deutlich durch die Hüllblätter abzeichnen, die Hülle aber noch geschlossen ist.

Knoblauch kann man nicht wie Frühlingszwiebeln einfach aus dem Boden ziehen, man muss die Erde vorher mit einem Spaten oder einer Grabegabel lockern. Ernten Sie nicht zu spät, da ab einer gewissen Größe die Schalen der Zwiebeln reißen und diese dadurch unansehnlich werden. Die Knoblauchzehen sind dann zwar noch genießbar, aber nicht mehr so lange lagerfähig.

Lagerung

Die von Erde gereinigten Zwiebeln werden – trockne Witterung vorausgesetzt – zunächst an einem sonnigen Platz einige Tage zum Trocknen ausgelegt, dann zu Bündeln zusammengebunden und an einem luftigen Ort zwei bis drei Wochen nachgetrocknet.

Man kann sie dann dekorativ zu Zöpfen flechten (siehe Seite 24) und aufhängen oder auf Horden legen. Der Platz sollte in jedem Fall kühl (gegen Austrocknen), dunkel (gegen Keimen) und trocken (gegen Schimmel) sein. Die Küche ist nicht ideal, denn durch die hohe Luftfeuchtigkeit kann der Knoblauch faulen. Aus dem gleichen Grund ist der Kühlschrank der völlig verkehrte Platz für Knoblauch. Gegen Zwiebel- und Knoblauchtöpfe aus Ton oder Steingut ist nichts einzuwenden, nur sollte man sie nicht in die Küche stellen.

Es empfiehlt sich, die Vorräte regelmäßig zu kontrollieren, um verfaulte Knollen auszusortieren. So kann Knoblauch auch im Haushalt einige Monate gelagert werden. Einlegen der Zehen in Öl oder Essig ist eine bewährte Konservierungsmethode (siehe „Feine Rezepte", Seite 58ff.).

Je jünger die Zehen sind, desto milder schmecken sie, älterer Knoblauch wird dagegen schärfer. Sobald er anfängt auszutreiben, verliert er seinen typischen Geschmack.

*Knoblauch ist reif,
wenn die Zehen
deutlich hervortreten.*

Fit und Gesund

Fit und Gesund

Gesund mit Bär- & Knoblauch

Besonders der Knoblauch, aber auch der weniger erforschte Bärlauch, sind für ihre gesundheitsfördernde Wirkung schon seit langem bekannt. Die Beschäftigung mit der Geschichte der Allium-Arten ist äußerst interessant. Die moderne Heilkunde beurteilt die Wirkung einer Heilpflanze aber letztendlich aufgrund „knallharter" Fakten, nämlich den chemischen Pflanzeninhaltsstoffen mit ihren vielfältigen Wirkungen auf den menschlichen Organismus. Diese Tatsache ist für den Gartenfreund und Naturliebhaber zunächst ernüchternd. Andererseits bewahrt uns diese strenge Betrachtung vor einer so genannten „Indikationslyrik", bei der Arzneipflanzen aufgrund überlieferter „Gerüchte" mit Wirkungen belegt werden, die sie nicht besitzen.

Gewarnt sei vor allem, wenn eine Heilpflanze als Tausendsassa bei sämtlichen Erkrankungen von A wie Augenleiden bis Z wie Zahnschmerzen empfohlen wird. Dahinter verbergen sich meistens wirtschaftliche Interessen. Doch keine Angst, der Bärlauch und vor allem der Knoblauch sind in den letzten Jahren hinsichtlich ihrer medizinischen Wirkungen auf Herz und Nieren erforscht worden. Dabei sind erstaunliche Erkenntnisse zu Tage getreten, die manche Anwendung aus der Geschichte plausibel erscheinen lassen.

Auf der Suche nach dem „Allheilmittel" ist die Menschheit schon sehr lange. Im Mittelalter erfasste man Kräuterelixiere in so genannten „Wunderdrogenextrakten".

herzustellen vermag. Darunter sind eher harmlose Produkte, wie beispielsweise Duftstoffe aus ätherischen Ölen, aber durchaus auch „Hämmer" wie etwa das Atropin aus der Tollkirsche oder aber die Herzglykoside aus dem Fingerhut (*Digitalis*).

Auch der Knoblauch hat seine eigene Chemie, die im Grunde genommen sehr anschaulich ist. Wenn man nicht selber Lauchgewächse in seinem eigenen Garten anbaut, ist man auf die Gemüseabteilung der Supermärkte oder Naturkostläden angewiesen.

Eine Knolle voller Gesundheit

■ Knoblauchchemie

Das Stichwort „Chemie" erscheint auf den ersten Blick als ein großer Widerspruch zur „Heilkunde aus der Natur". Viele suchen ja nach pflanzlichen Arzneimitteln, weil sie den chemischen Arzneimitteln im Hinblick auf Neben- und Wechselwirkungen nicht mehr trauen. Aber auch die Pflanze ist ein kleines chemisches Labor, welche eine Vielzahl von Stoffen

Beugt man sich dabei etwas näher über die Theke, wird man die gesuchte Knoblauchzwiebel keineswegs erschnuppern. Denn sie ist in der Regel geruchlos, sofern das Pflanzengewebe nicht verletzt ist. Ganz anders verhält es sich jedoch mit einer geschälten oder gar zerriebenen Zehe: deren Aroma verbreitet sich schnell in der Küche, wenn nicht sogar in der ganzen Wohnung.

Die Verwandlung des Alliins

Diese Geruchsentwicklung kann die Chemie des Knoblauchs sehr gut erklären: in der frischen Pflanze befindet sich in einer Konzentration von etwa 1 % geruchloses Alliin. Neben einem fehlendem Geruch besitzt dieser Stoff auch keinerlei medizinische Eigenschaften wie etwa die Fähigkeit, Krankheitserreger abzutöten.

Das Alliin wird übrigens in der Pflanze aus der Aminosäure Cystein gebildet. Beide Stoffe enthalten das Element Schwefel, welches bei den Inhaltsstoffen von Lauchgewächsen eine besondere Rolle spielt. In den Zellen der Knoblauchzwiebel finden sich außerdem Enzyme in hohen Konzentrationen. Diese haben eine wichtige Funktion: Sie setzen chemische Reaktionen in Gang. Ein derartiger Prozess findet auch beim Zerkleinern der Knoblauchzwiebel statt: das Enyzm Alliinase wird freigesetzt und sorgt für die Umwandlung des Alliins in das Allicin. Dabei handelt es sich um eine sehr instabile Flüssigkeit, die für den charakteristischen Geruch des frischen Knoblauchs verantwortlich ist.

Allicin als Antibiotikum

Untersuchungen haben ergeben, dass das Allicin eine hochwirksame Verbindung mit stark antibiotischen Eigenschaften ist. Das heißt, krank machende Bakterien können auf diese Weise wirksam bekämpft werden. Die Substanz muss in Testreihen dabei so gut abgeschnitten haben, dass die Forschung sie patentieren lassen wollte. Das Unternehmen scheiterte jedoch an dem penetranten Aroma des Allicins sowie dessen geringer Haltbarkeit. Eine Anwendung aus den alten Kräuterbüchern macht damit Sinn: die Empfehlung des Knoblauchs bei Vergiftungen sowie zur Sauberhaltung des Wassers. Diese Phänomene könnten durchaus mit der Wirkung des Allicins zusammenhängen.

Es ist erfreulich, wenn die moderne Wissenschaft historische Anwendungsgebiete erklären kann. Beim Knoblauch ist es gelungen, Vergangenheit und Gegenwart zur Deckung zu bringen.

Alliin, Allicin und ihre Mitspieler

Bei der Betrachtung pflanzlicher Inhaltsstoffe unterscheidet man Haupt- und Nebenwirkstoffe. Einem besonderen Rang kommen zweifellos dem Allicin und dem Alliin zu. Doch es ist

Ätherische Öle spielen heute vor allem in der Aromatherapie eine Rolle. Schon lange weiß man, dass Stimmungen durch Düfte beeinflusst werden können. Zwischen unserem Riechzentrum und dem Gefühlszentrum des Gehirns besteht tatsächlich eine Brücke.

letztendlich die Vielzahl an Inhaltsstoffen, die sich in der Knoblauchzwiebel ansammeln.

Dabei liegen vor allem flüchtige Substanzen vor, die bei bestimmten Temperaturen in den „Äther" (in die Luft) aufsteigen. Man spricht von ätherischen Ölen, die sich reichlich im Knoblauch befinden. In den Zehen konnten schließlich sehr viele Sulfide (Schwefelverbindungen) nachgewiesen werden, die hinsichtlich der Schwefelstruktur dem Alliin beziehungsweise Allicin ähnlich sind.

Erst diese Komposition an Substanzen ist für die medizinische Wirkung verantwortlich. Die genauen Einzelheiten sind bisher keineswegs

Zur Info

Knoblauch ohne Geruch?

Übrigens sollte man sich von den Aussagen mancher Arzneimittelhersteller nicht täuschen lassen. Einige Firmen bieten so genannte geruchlose Knoblauchpräparate an. Mit dem eben erklärten Hintergrundwissen kann man sich sehr gut erklären, was passiert ist:

Man hat das in den Zwiebeln vorkommende Enzym Alliinase einfach außer Gefecht gesetzt, so dass sich kein stark aromatisches Allicin mehr bilden kann. Das vorhandene Alliin ist zwar geruchlos, hat aber leider einen Schönheitsfehler – es hat keine oder nur geringe medizinische Effekte. Damit ist das Unternehmen „Lauch ohne Hauch" zum Scheitern verurteilt.

alle erforscht, so dass letztendlich nur die Wirkung des Gesamtauszugs erfasst werden kann.

Die Knoblauchzwiebel ist angereichert mit Stoffen, welche mit einer Leistungssteigerung verbunden sind. Nicht nur Vitamin C, sondern auch die Gruppe der fettlöslichen Vitamine B_1, B_2 und B_6 hat man aus der Zehe isoliert. Dazu kommt der Stoffwechselaktivator „Adenosin", der eine Vielzahl an biologischen Prozessen steuert. Ebenso finden sich Kohlenhydrate, Mineralstoffe, Spurenelemente und weitere Proteine – ein wahrer Energiecocktail, den uns die Natur zu Verfügung stellt. Das könnte beispielsweise ein Erklärung für die Leistungsfähigkeit der ägyptischen Pyramidenarbeiter sein, die nach Inschriften zu urteilen große Knoblauchmengen zu sich nahmen.

Ein Phänomen konnte die Wissenschaft bei allem Bemühen jedoch nicht aufklären. Da in der antiken Elementenlehre *Allium* als heiße und trockene Pflanze galt, war die Verwendung als Sexualtonikum naheliegend. In den Kräuterbüchern wird daher sogar vor einer übermäßigen Anwendung gewarnt, da es im Falle einer „Überhitzung" zum Austrocknen des männlichen Spermas kommen sollte. Somit haben sich die Wissenschaftler auf die Suche nach hormonartigen Substanzen im Knoblauch gemacht. Leider ist man in dieser Hinsicht nicht erfolgreich gewesen, so dass *Allium sativum* keineswegs einen pflanzlichen Ersatz für moderne potenzsteigernde Medikamente darstellt. Übrigens gibt es wohl kaum einen Bereich in der Pflanzenmedizin, bei dem das Vortäuschen falscher Anwendungsgebiete eine derart große Rolle spielt wie bei den so genannten „Aphrodisiaka".

■ Herz und Kreislauf

Umfragen unter den Bundesbürgern jenseits der 50 lassen immer wieder erkennen, dass die Gesundheit ein sehr hohes Gut darstellt. Materiell abgesichert bei hoher körperlicher Vitalität – wer möchte nicht so seinen Lebensabend verbringen? Diesem Wunsch stehen aber in den westlichen Industrieländern zwei Krankheitsbilder entgegen, welche die Todesursachen Nr. 1 sind: Krebs und Herz-Kreislauferkrankungen.

Bedauerlicherweise können infolge der gefürchteten „Viererbande", nämlich Diabetes mellitus, erhöhtem Cholesterin, Bluthochdruck sowie Herzinsuffizienz viele Bürger ihren Ruhestand eben nicht mit Freuden genießen. Darüber hinaus verursacht das „metabolische Syndrom", unter dem diese Krankheitsbilder zusammengefasst werden, immense Kosten für die gesetzlichen Krankenkassen.

Die Gefährlichkeit hochwirksamer Cholesterinsenker ist in letzter Zeit immer mehr in die Schlagzeilen geraten. Aus diesem Grunde spielt die Vorbeugung gerade bei Herz-Kreis-lauferkrankungen eine besondere Rolle. Neben einer ausreichenden Bewegung sowie einer ausgewogenen Ernährung schlagen die alten ayurvedischen Ärzte aus Indien jenseits des 50. Lebensjahres den Knoblauch vor, dessen Anwendung von nur 50 Tagen weitere 50 Lebensjahre garantieren soll. Überblickt man die moderne Knoblauchforschung, so haben die alten Mediziner aus Indien mit diesem Versprechen gar nicht so unrecht.

Knoblauch gegen Arterienverkalkung

Die Fähigkeit, einen erhöhten Cholesterinspiegel zu senken, lassen den Knoblauch als die ideale Pflanze erscheinen, um der gefürchteten Arterienverkalkung vorzubeugen. Das genaue Wirkprinzip ist zwar noch nicht

Die Ayurvedamedizin wird vor allem von indischen Ärzten praktiziert. Sie ist ganzheitlich orientiert und hat überraschende Ähnlichkeit mit der Medizin im alten Griechenland.

Zur Info

Arterienverkalkung

Herz-Kreislauferkrankungen hängen vor allem mit Bewegungsmangel und dem resultierenden Übergewicht zusammen, was häufig zu Fettstoffwechselstörungen beziehungsweise Diabetes mellitus führt.

Es kommt zur Ausbildung von Ablagerungen (Plaques) in den Arterienwänden, welche aufbrechen und zu Verschlüssen führen. Die damit einhergehende Arterienverkalkung führt letztendlich zu einem Missverhältnis der Sauerstoffbilanz im Herzen, die sich als „Angina pectoris" äußern kann. Im extremen Fall können schon geringste Belastungen zu Druck und stechendem Schmerz in der Herzgegend führen. Von einer Arteriosklerose spricht der Mediziner, wenn es zu einer krankhaften Veränderung der Durchblutung in weiten Teilen des Gefäßsystems kommt. Bluthochdruck ist ebenfalls ein häufiger Risikofaktor für die Entstehung der koronaren Herzkrankheit.

Fit und Gesund

Frischer Knoblauch hat die gleiche Wirkung wie Knoblauchdragees.

Viele Arzneipflanzen werden heute zu Tabletten, Dragees, Tropfen, Salben und Säften verarbeitet. Hier gibt es große Qualitätsunterschiede. Wer es genau wissen will, lässt sich am besten in einer Apotheke beraten.

bekannt, aber der Effekt geht von der gesamten Zwiebel aus.

Wie bei vielen Arzneimitteln aus dem Pflanzenreich gelingt es nicht, einen Einzelstoff als den allein Verantwortlichen für eine medizinische Wirkung zu finden.

Deshalb kann man sich auch mit einer mittleren Tagesdosis von 4 g frischen Knoblauchzwiebeln genauso gut behandeln wie mit den handelsüblichen Knoblauchdragees. Allerdings muss man bei einer „Frischpflanzentherapie" mit der entsprechenden Abwehrreaktion der Umwelt rechnen. Aber auch bei den Dragees lässt sich ein sanftes „Düftchen" in der Ausatmungsluft nicht vermeiden. Was wirkt, das duftet eben auch entsprechend. Und wenn nichts duftet,

gibt es auch keine Heilwirkung. So einfach ist es mit dem Knoblauch.

Cholesterinsenker

Viele klinische Studien beweisen, dass die kontinuierliche Einnahme von *Allium sativum* zu einer Senkung des Gesamtcholesterins sowie der Triglyceride bis zu 10 % führt. Auch das Verhältnis des LDL- im Vergleich zur HDL-Fraktion überzeugt.

Hinter diesen Abkürzungen verbergen sich die Bezeichnungen für „schlechtes" (LDL) und „gutes" (HDL) Cholesterin. Effektiv ist eine Therapie mit Bluttfettsenkern nur dann, wenn LDL zurückgeht und HDL steigt. Ersteres ist für die Entstehung der gefürchteten Gefäßplaques verantwortlich, letzteres sorgt für einen entsprechenden Cholesterinabtransport aus den Gefäßen.

Knoblauch verbessert das LDL/HDL Verhältnis. Der Einfluss der Zehe konnte unter anderem sehr anschaulich an einem Versuch demonstriert werden, in dem der Anstieg des Cholesterinspiegels nach dem Verzehr von 100 g Butter (in Gelatinekapseln) einmal mit und einmal ohne Knoblauchöl getestet wurde. Mit Knoblauch kam es zu einem deutlichen Abfall der Blutfettwerte.

Entscheidend für die Wirkung gegen die gefürchtete Arterienverkalkung ist schließlich auch der so genannte thrombozytenaggregationshemmende Effekt der Knoblauchzwiebel – oder vereinfacht gesagt: die Neigung des

Fit und Gesund

Blutes zur Gerinnung wird vermindert. Zu Gefäßverschlüssen kommt es zum einen durch die Ablagerung der entsprechenden Plaques in den Gefäßen und zum anderen, wenn zusätzlich das Blut noch zähflüssiger wird.

Knoblauchextrakt senkt also nicht nur die Cholesterinwerte, sondern führt auch zu einer verbesserten Fließeigenschaft des Blutes. Die Mediziner diskutieren sogar, ob nicht bereits bestehende Thromben mit Hilfe der schwefelaktiven Verbindungen aus dem Knoblauch aufgelöst werden können.

Blutdrucksenker

Ein weites Feld – wenn man noch ein anderes Anwendungsgebiet berücksichtigt, nämlich den blutdrucksenkenden Effekt der Zehe. So haben Studien bewiesen, dass bei vierwöchiger Einnahme sowohl systolischer („oberer" Wert) als auch diastolischer Blutdruck („unterer" Wert) um etwa 6,4 % gesenkt werden konnten. Dieser Effekt darf nicht unterschätzt werden, zumal Bluthochdruck einen der Risikofaktoren bei der koronaren Herzkrankheit darstellt. Allerdings sollten Bluthochdruckpatienten in diesem Fall keine heroischen Selbstversuche vornehmen oder gar ihre ärztlich verordneten Tabletten weglassen. Das Krankheitsbild ist sehr kompliziert und gehört zur Behandlung in die Hand eines erfahrenen Arztes. Über eine Knoblauchtherapie sollte daher

Zur Info

Senfölglykoside und der Magen

Bärlauch und Knoblauch enthalten Senfölglykoside, die für den scharf-aromatischen Geschmack verantwortlich sind. *Manche Personen reagieren empfindlich auf diese Substanzen. Der Packungsbeilage von Knoblauchprodukten kann man daher entnehmen, dass in seltenen Fällen die Einnahme von Magen-Darm-Beschwerden begleitet werden kann. Im allgemeinen sind Senfölglykoside aber gut verträglich. In rauen Mengen können Bärlauch und Knoblauch auch weniger empfindliche Mägen angreifen, aber dazu müsste die Dosis schon ungewöhnlich hoch sein...*

in einem Beratungsgespräch gemeinsam entschieden werden.

■ Neuling Bärlauch

Kann der „urgermanische Lauch" seinem südeuropäischen Verwandten das Wasser reichen? Nicht nur von historischer Seite, sondern auch aus medizinischer Sicht macht es wenig Sinn, beide Laucharten gegeneinander auszuspielen. Knoblauch ist als Arzneipflanze schon seit mehr als dreißig Jahren intensiv erforscht worden, während der Bärlauchboom erst vor einigen Jahren begonnen hat. Aus diesem Grunde ist über *Allium sativum* einfach mehr bekannt als über *Allium ursinum*.

Auch andere Laucharten wurden in der Geschichte als Heilpflanzen verwendet: Die Küchenzwiebel und die Schalotte sowie Porree und Schnittlauch.

Vorbeugung und Heilung

Die Verwandtschaft beider Pflanzen spiegelt sich aber nicht nur im gleichen Gattungsnamen, sondern auch in einem ähnlichen Inhaltsstoffspektrum wider. So existiert auch in den Bärlauchblättern das Enzym Alliinase, welches beim Zerreiben der Blätter erst die wirksamen Bestandteile freisetzt. Die Forschung hat sich daher auch bei *Allium ursinum* auf das ätherische Lauchöl in der Pflanze konzentriert.

Betrachtet man entsprechende Präparate aus Apotheke und Reformhaus, so kann man vor allem beim Studium der Beipackzettel große Unterschiede feststellen. Bei Knoblauchpräparaten wird man etwa zwei bis drei medizinische Anwendungsgebiete wie den Hinweis auf die Behandlung erhöhter Blutfettwerte oder die Vorbeugung von Arterienverkalkung finden. Beim Bärlauch taucht dagegen die Bezeichnung „Nahrungsergänzungsmittel" auf. Damit wird deutlich, dass unser „Waldknoblauch" mehr unter ernährungsmedizinischen Aspekten zu betrachten ist.

Die Medizin hat inzwischen erkannt, dass der Vorbeugung bei der Behandlung chronischer Krankheiten eine große Bedeutung zukommt. Dazu zählt selbstverständlich auch der Bereich einer gesunden und ausgewogenen Ernährung. Viele Betroffene neigen jedoch dazu, sich nicht ausreichend mit frischen Obst- und Gemüseprodukten zu versorgen. Und genau aus diesem Grund gibt es die breite Palette der „Nahrungsergänzungsmittel". Sie stehen an der Schnittstelle zwischen Medizin und gesunder Ernährung, dürfen aber nicht mit entsprechenden Anwendungsgebieten beworben werden.

Der „Waldknoblauch" trägt zu einer gesunden Ernährung bei.

Schon in der alten Medizin spielte die Gesundheitsvorsorge eine Rolle. In der „Diätetik" wurden die Bereiche zusammengefasst, die als Richtschnur für eine gesunde Lebensweise galten.

Bärlauch als Schwefelquelle

Gerade im Bereich der Ernährungsmedizin gibt es dann auch tatsächlich Qualitätsunterschiede zwischen den beiden Lauchgewächsen. Bärlauch enthält nämlich 7,86 g Schwefel bezogen auf 100 g Trockensubstanz, während der Knoblauch unter gleichen Bedingungen es nur auf etwa 1,7 g bringt.

Die Medizin weist dem Schwefel in unserem Stoffwechsel eine zentrale Bedeutung zu. Normalerweise deckt unser Körper seinen Bedarf über die Aufnahme von schwefelhaltigen Eiweißen, die in den Aminosäuren Methionin und Cystein enthalten sind. In diesem Schwefelpool kann es aber durchaus zu Engpässen kommen, etwa bei Menschen jenseits der 50. Auch Sportler haben einen erhöhten Bedarf. Der entsprechende Mangel kann im Körper zu Lasten eines Enzyms gehen, das für die Entsorgung der so genannten freien Radikale im Körper zuständig ist. Dabei handelt es sich um hochreaktive Sauerstoffteilchen, welche in den Gefäßen allerhand Unheil anrichten können. So gelten freie Radikale als Auslöser von Hirnleistungsstörungen, wie etwa Morbus Alzheimer. Also wieder ein Grund mehr, frische Bärlauchprodukte zu sich zu nehmen.

Auch die Entstehung der Gefäßverkalkung ist sehr eng mit der Konzentration freier Radikale verbunden. Sie sollen dafür verantwortlich sein, dass schlechtes Cholesterin (LDL) zur gefürchteten Gefäßplaque wird. Auch scheint der Schwefelpool einen Einfluss auf die Bildung von Insulin zu haben. Deshalb sollten sich vor allem auch Typ II-Diabetiker mit einer ausreichenden Menge an Schwefel versorgen, wie sie im Bärlauch anzutreffen ist.

Gefäßschützende Wirkung
Über die Entstehung der gefürchteten Ablagerung in den Gefäßen ist die Forschung inzwischen sehr gut informiert. Man weiß, dass es unter Einfluss freier Radikale sowie schlechtem Cholesterin zur Bildung von so genannten „Schaumzellen" an den Gefäßwänden kommt. Damit beginnt ein Teufelskreislauf, denn dieser Zelltyp saugt wie ein Schwamm die aus dem Blut stammenden Fette in sich auf. Wachstumsprozesse führen schließlich zur Einlagerung glatter

Muskelzellen in die Gefäßwand, so dass die Arterien im Laufe der Zeit immer enger werden. Irgendwann kommt es zum „Supergau": die Blutgefäße machen dicht, die gefürchteten Erkrankungen wie Angina pectoris beziehungsweise Infarkte treten auf.

Die Fähigkeit, freie Radikale abzufangen, wurde schon vorgestellt. Doch was tun, wenn die Gefäßwände schon verengt sind? Bärlauchverbindungen scheinen nach den Ergebnissen des Institutes für Arterioskleroseforschung in Münster auch tatsächlich in der Lage zu sein, bestehende Schaumzellenverbände lang-

Eine derartig komplizierte Krankheit wie Angina pectoris kann nicht allein mit einer pflanzenheilkundlichen Behandlung therapiert werden! Lauch spielt dagegen bei der Prävention eine zentrale Rolle.

Mit Bärlauch holt man sich Gesundheit aus der Natur auf den Tisch.

Fit und Gesund

sam aufzulösen. Ebenfalls positiv ist zu bewerten, dass in den Blättern von Bärlauch Verbindungen gefunden wurden, von denen ebenfalls eine blutdrucksenkende Wirkung ausgeht. Damit ist die Brücke zum Knoblauch wiederum geschlagen.

■ Darmsanierung mit Bärlauch

In den letzten Jahren sind Darmpilzerkrankungen in den Blickpunkt des Interesses gerückt. Man kann hier von einer Modeerkrankung sprechen. Es soll vor allem der Pilz *Candida albicans* sein, der unter bestimmten Bedingungen die Darmflora aus dem Gleichgewicht bringt. Die Betroffenen reagieren mit Hauterkrankungen, Unwohlsein und gelegentlich auftretenden Oberbauchbeschwerden. Die Diagnostik und auch die Behandlung gehören in die Hände eines erfahrenen Arztes oder Heilpraktikers.

Neben Ratschlägen zur Ernährungsumstellung, die vor allem mit einem Verzicht auf bestimmte Kohlenhydrate verbunden ist, verfolgen Ärzte und Heilpraktiker das Ziel, das mikrobielle Gleichgewicht im Darm wiederherzustellen. Dabei werden vor allem Wechselwirkungen zwischen dem Bärlauch und dem Immunsystem beobachtet. Viele Betroffene mit Darmpilzerkrankungen fühlten sich nach einer Frühjahrskur mit *Allium ursinum* wieder wesentlich besser in ihrer Haut.

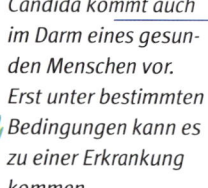

Candida kommt auch im Darm eines gesunden Menschen vor. Erst unter bestimmten Bedingungen kann es zu einer Erkrankung kommen.

■ Ausblick

Die Aussage eines indischen Mediziners, mit der Einnahme von *Allium*-Vertretern das Leben verlängern zu können, überrascht nicht, wenn man sich mit den Wirkprofilen beider Pflanzen auseinandersetzt. Bemerkenswert ist vor allem die Tatsache, dass die beiden Laucharten die gesundheitlichen Sorgen der Menschen zu unterschiedlichen Zeiten auf ganz verschiedene Art und Weise gelöst haben.

Während man sich im Mittelalter aufgrund schlechterer hygienischer Verhältnisse die antibakterielle Wirkung des Knoblauchs zu Nutze machte, benötigt man im 21. Jahrhundert die beiden Laucharten zu ganz anderen Zwecken. Im Zeitalter des Überflusses spielen eben eher die Stoffwechselerkrankungen wie Diabetes oder Arteriosklerose eine größere Rolle. Gerade auf diesem Sektor leisten uns die schwefelaktiven Stoffe gute Dienste.

Es lohnt sich also auch heute noch, der Empfehlung Kaiser Karls des Großen Folge zu leisten und Bärlauch, Knoblauch und die anderen *Allium*-Arten im eigenen Garten anzubauen. Frisch geerntet, ohne Unkraut- und Schädlingsbekämpfungsmittel in der näheren Umgebung, bescheren sie uns unbeschwerten, gesunden Genuss. Die körperliche Arbeit an der frischen Luft wird ihr Übriges tun, den selbst geernteten Lauch zu einer rundum gesunden Sache zu machen.

Fit und Gesund

Feine Rezepte

Kochen mit Bär- & Knoblauch

Viel haben die beiden Pflanzen aus der Allium-Gattung gemeinsam: gesunde Inhaltsstoffe und natürlich ihren würzigen Geruch. Sind sie dann jedoch in der Küche gelandet, verlangen sie nach völlig unterschiedlicher Behandlung. Die Blätter des Bärlauchs sind zart und empfindlich, die Knoblauchzehen dagegen fest und robust – daher ist es nicht möglich, in Rezepten einfach Bärlauch gegen Knoblauch auszutauschen.

1 EL	=	1 Esslöffel
1 TL	=	1 Teelöffel
1 Msp	=	Messerspitze

Feine Rezepte

Das Aroma der zarten Bärlauchblätter verflüchtigt sich beim Kochen.

■ Vielseitiger Bärlauch

Im Gegensatz zum Knoblauch können beim Bärlauch alle Teile verwendet werden: Blätter, Zwiebeln, Knospen, Blüten und grüne Samen. Die Zwiebeln werden wie die weißen Knollen der Frühlingszwiebeln verarbeitet, Knospen, Blüten und Samen eignen sich vor allem zum Dekorieren. Die vielfältigsten Verwendungsmöglichkeiten bieten jedoch die frischen Blätter.

Vorbereitung der Bärlauchblätter

Haben Sie Bärlauch im eigenen Garten, sollten Sie ihn erst unmittelbar vor der Verarbeitung ernten, denn die Blätter welken sehr schnell. Tipps zur Aufbewahrung im Kühlschrank und zum Einfrieren finden Sie im Abschnitt „Ernten, Lagern und Konservieren" (Seite 36). Selbstverständlich sollten die Blätter gründlich unter fließendem Wasser abgespült werden. Es sollte höchstens lauwarm sein, denn durch heißes Wasser werden die empfindlichen Blätter schlaff.

Die Stiele können mitverwendet werden, sind jedoch relativ hart, daher werden sie meist abgeschnitten.

Genuss mit Bärlauch

Der frische, „grüne" Geschmack des Bärlauchs kommt am besten in Gerichten zur Geltung, in denen das Kraut roh verwendet wird. Puristen streuen einfach reichlich gehackte Bärlauchblätter auf ein leicht mit Salz gewürztes Butterbrot. Bekannten Gerichten lassen sich neue Geschmacksnuancen abgewinnen, wenn man diese auf Salate, Suppen, Eintöpfe oder Nudeln streut.

Bärlauch verliert beim Kochen rasch an Aroma und sollte daher immer nur so kurz wie möglich mitgegart werden. Er verträgt sich gut mit Pfeffer und Muskat – diese sollten übrigens immer frisch gemahlen beziehungsweise gerieben werden. Sein scharfer Geschmack harmoniert auch mit Gewürzen, die in der asiatischen Küche verwendet werden, beispielsweise mit Curry, Kurkuma oder Kreuzkümmel.

Feine Rezepte

■ Vorbereitung von Knoblauch

So schält man Knoblauch am leichtesten: Die Zehe auf ein Küchenbrett legen und mit der breiten Seite der Messerklinge darauf drücken, dann springt die Haut auf und lässt sich leicht abziehen. Anschließend wird der Knoblauch mit einem scharfen Messer fein gehackt oder in Scheiben geschnitten, grob gehackt und dann mit etwas Salz im Mörser zerdrückt oder halbiert und durch eine Knoblauchpresse gedrückt. In der Presse verbleiben die Häute und ein Teil des Fruchtfleisches, das man herausnehmen und mitverwenden kann. Hat die Zehe schon einen grünen Keim gebildet, sollte man ihn entfernen, denn er schmeckt scharf und bitter.

Knoblauch sollte man erst unmittelbar vor der Verwendung zerkleinern, denn wenn er zu lange Sauerstoff ausgesetzt wird, oxidieren seine ätherischen Öle und er schmeckt fade.

Knoblauch sollte man erst direkt vor dem Kochen zerkleinern.

Beim Erhitzen wird die antibakterielle Wirkung des Knoblauchs etwas vermindert, die anderen gesundheitsfördernden Wirkungen bleiben jedoch erhalten.

Wenn es nur ein Hauch von Knoblauch sein soll: Die Salatschüssel mit einer halbierten Zehe ausreiben oder ganze (geschälte oder ungeschälte) Zehen in Eintöpfen oder bei Ofengerichten mitgaren und anschließend herausnehmen.

Knoblauch braten

Knoblauch sollte nur bei mittlerer Hitze gebraten werden, denn er wird schnell schwarz und schmeckt dann bitter. Dies kann man vermeiden, indem man ihn erst am Ende der Bratzeit dazugibt. Oder man dünstet den Knoblauch kurz in Öl an, nimmt ihn heraus und gart nun das Bratgut, beispielsweise Fleisch, im aromatisierten Öl. Es bekommt dadurch ein nur leichtes Knoblaucharoma.

Einsatzmöglichkeiten

Gibt es außer Süßspeisen Gerichte, zu denen Knoblauch nicht passt – dies wird sich der Knoblauchfreund fragen... Entscheidend für das Gelingen ist die richtige Dosierung. Sparsam verwendet, unterstreicht Knoblauch die Würzkraft anderer Zutaten, ohne dominierend zu sein. Gut harmoniert er mit kräftigen Mittelmeerkräutern wie Oregano, Thymian oder Majoran, oder aber, ebenso wie der Bärlauch, mit asiatischen Gewürzen.

59

Saucen und Eingelegtes

Bärlauchöl

Zutaten für 1 Flasche à 1 l	
etwa	25 Bärlauchblätter
1 l	kalt gepresstes Olivenöl

▶ Bärlauchblätter waschen, gründlich trockentupfen und quer in breite Streifen schneiden

▶ Blätter in eine saubere Flasche mit Schraubverschluss geben und mit dem Öl aufgießen. Das Öl an einem dunklen und kühlen Ort 4 bis 5 Wochen durchziehen lassen, dann Bärlauchblätter herausnehmen

▶ Das Bärlauchöl an einem kühlen Ort wie der Speisekammer lagern. Man kann es auch in den Kühlschrank stellen.

TIPP

Das Öl behält etwa 3 Monate sein volles Aroma. Im Kühlschrank wird es leicht trüb, doch gibt sich das bei Zimmertemperatur wieder.

Bärlauchbutter

Zutaten für 10 Portionen	
25 g	Bärlauchblätter
250 g	weiche Butter
1 TL	Zitronensaft
	Salz, Pfeffer

▶ Bärlauchblätter waschen, gründlich trockentupfen und sehr fein hacken

▶ Blätter mit der Butter verrühren und mit Zitronensaft, Salz und Pfeffer abschmecken.

TIPP

Die Bärlauchbutter kann auch eingefroren werden. Sie schmeckt als Brotaufstrich oder auf gegrilltem Fleisch oder Fisch.

Feine Rezepte

Einfaches Bärlauch-Pesto

▶ Bärlauchblätter waschen, gründlich trockentupfen und sehr fein hacken

▶ Mit Öl verrühren und mit etwas Salz abschmecken

▶ Das Pesto hält sich in der Speisekammer oder im Kühlschrank einige Monate, wenn die Blätter immer mit Öl bedeckt sind. Im Kühlschrank wird die oberste Ölschicht etwas fest, doch bei Zimmertemperatur wieder flüssig.

Für 6 bis 8 Portionen

100 g   Bärlauchblätter
100 ml kalt gepresstes Olivenöl
        Salz

TIPP

Das Pesto ist vielseitig einsetzbar: Verfeinern Sie es zu Pesto alla genovese, schmecken Sie damit Saucen ab, rühren Sie einige Esslöffel unter einen Becher Magerquark oder marinieren Sie Grillfleisch damit.

Bärlauch-Pesto „alla genovese"

▶ Bärlauchblätter waschen, gründlich trockentupfen und sehr fein hacken

▶ Pinienkerne und Bärlauch in einen Mörser geben und zerkleinern. Erst den Käse, dann nach und nach das Öl unterrühren und mit Salz abschmecken

▶ Das Pesto hält sich in einem verschlossenen Gefäß 2 bis 3 Wochen im Kühlschrank. Man sollte darauf achten, dass die Blätter mit etwas Öl bedeckt sind.

Für 6 bis 8 Portionen

100 g   Bärlauchblätter
 80 g   Pinienkerne
 50 g   frisch geriebener
        Parmesan oder Pecorino
150 ml kalt gepresstes Olivenöl
        Salz

TIPP

Dieses Pesto passt als Sauce zu Nudeln und Gnocchi oder würzt eine Gemüsesuppe.

Feine Rezepte

Aïoli

Zutaten für 6 Portionen

10	Knoblauchzehen
1/2 TL	Meersalz
2	Eigelb
250 ml	kalt gepresstes Olivenöl
1 EL	Zitronensaft
	Pfeffer

▶ Knoblauch schälen, grob hacken und mit dem Salz in einem großen Mörser zerreiben. Eigelb untermischen und so lange rühren, bis eine gleichmäßige Paste entstanden ist

▶ Das Olivenöl erst tropfenweise, dann in dünnem Strahl zugeben und mit einem Schneebesen unterrühren

▶ Die Aïoli mit Zitronensaft und Pfeffer abschmecken.

TIPP

Reichen Sie diese Sauce als Dip zu Rohkost oder zu Ofenkartoffeln, gegrilltem Fleisch oder Fisch.

Feine Rezepte

Zutaten für 1 Glas à 250 ml

6	grüne Chilischoten
10	Knoblauchzehen
6	Schalotten
1 TL	Sojaöl
	Saft von 2 Limetten
1 EL	Rohrzucker
2 EL	Fischsauce (Asienladen)
2 EL	Austernsauce
	(Asienladen)

Thailändische Knoblauchsauce

▶ Chilischoten waschen, entkernen und sehr fein hacken

▶ Knoblauchzehen und Schalotten ebenfalls schälen und sehr fein hacken

▶ Alles in einer Pfanne im heißen Öl bei mittlerer Hitze kurz anrösten, bis das Gemüse zu duften beginnt

▶ Alle übrigen Zutaten zufügen, aufkochen lassen und etwa 10 Minuten zugedeckt köcheln. Bei Bedarf etwas Wasser angießen. Leicht abkühlen lassen, dann in ein sauberes Glas mit Schraubverschluss füllen. Kühl und dunkel aufbewahren.

TIPP

Reichen Sie diese scharfe Sauce zu gegrilltem Fleisch oder Reisgerichten.

Knoblauchöl

▶ Das Öl in ein Glas mit Schraubverschluss geben. Die Knoblauchzehen schälen und zusammen mit dem Thymian hineingeben. Das Glas verschließen und 2 bis 3 Wochen an einen sonnigen Platz, z.B. auf die Fensterbank, stellen

▶ Den Thymian herausnehmen und das Öl mit dem Knoblauch in eine verschließbare Flasche füllen. Kühl und dunkel aufbewahren.

Zutaten für 1 Flasche à 500 ml

500 ml	kalt gepresstes Olivenöl
5	Knoblauchzehen
1	Zweig Thymian

TIPP

Verwenden Sie das Knoblauchöl für die Zubereitung von Salatsaucen oder zum Braten von Fleisch oder Fisch. Es hält einige Monate.

Eingelegter Knoblauch

▶ Knoblauchknollen in Zehen teilen und diese schälen. Zusammen mit allen anderen Zutaten in einen Topf geben und etwa 3 Minuten kochen. Mit geschlossenem Deckel über Nacht stehen lassen

▶ Am nächsten Tag nochmals etwa 5 Minuten kochen und erkalten lassen. Knoblauch und Sud randvoll in saubere Gläser mit Schraubverschluss füllen und sofort verschließen.

Zutaten für 2 Gläser à 500 ml

5	Knoblauchknollen
500 ml	trockener Weißwein
100 ml	Essigessenz
6 EL	kalt gepresstes Olivenöl
2 TL	Salz
1 TL	schwarze Pfefferkörner
75 g	Zucker
2	Chilischoten
je 3	Zweige Rosmarin und Thymian

TIPP

Eingelegter Knoblauch ist milder als frischer. An einem dunklen und kühlen Ort hält er sich einige Wochen.

Feine Rezepte

Suppen und kleine Gerichte

Bärlauchschaumsüppchen

Zutaten für 4 Portionen

1	Schalotte
2 EL	Butter
1	große Kartoffel
500 ml	Gemüsebrühe
3 EL	trockener Weißwein
2	Scheiben altbackenes Weißbrot
80 g	Bärlauchblätter
	Salz, Pfeffer
2 EL	fein geschnittene Bärlauchblätter oder
4	Bärlauchblüten zum Dekorieren

▶ Schalotte schälen und fein würfeln, in 1 Esslöffel Butter glasig dünsten. Kartoffel schälen, fein raspeln und dazugeben. Mit Brühe und Wein aufgießen und etwa 15 Minuten köcheln lassen

▶ Inzwischen restliche Butter in einer Pfanne erhitzen. Weißbrot würfeln und darin goldbraun rösten, auf Küchenkrepp abtropfen lassen

▶ Bärlauchblätter waschen, trockentupfen, grob hacken und in den Topf geben, unter Rühren kurz erwärmen. Die Suppe mit einem Pürierstab aufmixen und mit Salz und Pfeffer abschmecken. Mit den Croûtons und Bärlauchstreifen oder Bärlauchblüten bestreut servieren.

TIPP

Die Suppe wird kräftiger im Geschmack, wenn Sie 50 g durchwachsenen, gewürfelten Speck zusammen mit der Schalotte andünsten.

Knoblauchsuppe

Zutaten für 4 Portionen

8	Tomaten
10	Knoblauchzehen
1	Peperoni
3 EL	Oliven- oder Pflanzenöl
600 ml	Gemüsebrühe
200 ml	süße Sahne
2 EL	Rohrzucker
	Salz, Pfeffer

▶ Tomaten kreuzweise einritzen, kurz in siedendes Wasser geben, enthäuten, entkernen und das Fruchtfleisch würfeln. Peperoni klein schneiden

▶ 5 Knoblauchzehen schälen, in feine Scheiben schneiden und salzen. Restliche Zehen mit Salz zerdrücken und in einem Topf im heißen Öl andünsten

▶ Tomaten und Peperoni zugeben und alles 5 bis 7 Minuten dünsten

▶ Gemüsebrühe und Sahne angießen. Mit Salz, Zucker und Pfeffer würzen und die Knoblauchscheiben zufügen. Alles in etwa 5 Minuten fertig köcheln.

TIPP

Anstelle mit frischen Tomaten können Sie die Suppe auch mit Tomatenmark zubereiten. Servieren Sie dazu geröstetes Ciabatta oder Baguette.

Bärlauch-Zwiebel-Suppe

Zutaten für 4 Portionen	
200 g	Bärlauchblätter und einige Bärlauch- zwiebeln
4	Schalotten
40 g	Butter
750 ml	Gemüsebrühe
200 ml	süße Sahne
	Salz, Pfeffer
50 g	Crème fraîche

▶ Bärlauchblätter waschen und gut trockentupfen, dann in feine Streifen schneiden. Bärlauchzwiebeln waschen und putzen. Die Schalotten schälen, Bärlauchzwiebeln und Schalotten fein würfeln

▶ Butter in einem Topf erhitzen, Zwiebeln und Schalotten darin andünsten, mit der Brühe aufgießen und bei mittlerer Hitze etwa 8 Minuten köcheln lassen

▶ Bärlauchblätter zufügen, kurz erhitzen und mit dem Mixsstab pürieren. Sahne unterziehen, Suppe mit Salz und Pfeffer abschmecken. Auf Teller verteilen und mit einem Klecks Crème fraîche garniert servieren.

TIPP

Ergänzen Sie die Suppe durch 80 g in Streifen geschnittene Räucherforelle oder Bündner Fleisch. Die Crème fraîche können Sie dann weglassen.

Gazpacho

Zutaten für 4-6 Portionen	
2	Scheiben Weißbrot
500 g	Tomaten
1	grüne Paprika
1	kleine Salatgurke
3	Knoblauchzehen
1	weiße Zwiebel
100 ml	kalt gepresstes Olivenöl
4 EL	Sherryessig
	Salz, Pfeffer, Zucker
	fein gewürfeltes Gemüse und Croûtons zum Bestreuen

▶ Weißbrot entrinden. Tomaten, Paprika und Gurke waschen. Tomaten überbrühen, enthäuten und entkernen, Paprika entkernen und grob hacken, Gurke schälen, entkernen und in Scheiben schneiden

▶ Knoblauch und Zwiebel schälen, Knoblauch zerdrücken, Zwiebel grob hacken

▶ Vorbereitete Zutaten zusammen mit Öl, Essig, 100 ml kaltem Wasser, Salz, Pfeffer und Zucker pürieren und im Kühlschrank einige Stunden durchziehen lassen. Vor dem Servieren noch einmal durchrühren und abschmecken. Mit Croûtons und Gemüsewürfeln bestreut servieren.

TIPP

Anstelle des Wassers können Sie auch Tomatensaft verwenden.

Frühlingssalat mit Bärlauch

▶ Spinat gut waschen, verlesen, entstielen und trockentupfen. Kopfsalat, Löwenzahn und Bärlauch waschen und trockentupfen. Karotten putzen, schälen und in dünne Streifen schneiden

▶ Essig mit Senf, Salz und Pfeffer verrühren und das Öl unterrühren

▶ Kopfsalat, Löwenzahn, Spinat, Bärlauch- und Karottenstreifen dekorativ auf Tellern verteilen und mit der Vinaigrette beträufeln. Mit Gänseblümchen garniert servieren.

TIPP

Der helle Löwenzahn schmeckt weniger bitter als der grüne und wird als Gemüsepflanze kultiviert. Sie bekommen ihn im gut sortieren Gemüsehandel oder auf dem Wochenmarkt.

Zutaten für 4 Portionen

200 g	junger Spinat
1	Kopfsalatherz
60 g	helle Löwenzahnblätter
60 g	Bärlauchblätter
2	mittelgroße Karotten
	einige Gänse-
	blümchenblüten

Für das Dressing

4 EL	Sherryessig
1-2 TL	Dijonsenf
	Salz, Pfeffer
10 EL	Traubenkernöl

Knoblauchpüree

▶ Knoblauchknolle zerteilen, die Zehen schälen und in Wasser mit dem Zitronensaft in etwa 10 Minuten weich kochen, herausnehmen

▶ Kartoffeln bürsten, in der Schale etwa 25 Minuten weich kochen, sofort pellen und noch heiß durch die Kartoffelpresse drücken

▶ Knoblauchzehen pürieren und zusammen mit Olivenöl unter die Kartoffelmasse heben. Mit Salz, Pfeffer und wenig Muskat abschmecken.

TIPP

Das Püree warm zu gegrilltem Fisch oder Fleisch servieren.

Zutaten für 4 Portionen

1	junge Knoblauchknolle
	Saft von 1 Zitrone
500 g	Kartoffeln
80 ml	kalt gepresstes Olivenöl
	Salz, Pfeffer
	Muskat

Bärlauchröllchen mit Kräuter-Frischkäsecreme

Zutaten für 4 Portionen

10	Bärlauchblätter
	etwas Schnittlauch
250 g	Doppelrahm-Frischkäse
	Salz, Pfeffer
	etwa 45 Bärlauchblätter
	zum Einrollen
	evtl. einige Bärlauch-
	Blütenstängel

▶ 10 Bärlauchblätter und Schnittlauch waschen, gut trockentupfen und fein hacken. Mit dem Frischkäse zu einer homogenen Masse verrühren und mit Salz und Pfeffer abschmecken

▶ Bärlauchblätter zum Einrollen waschen, gut trockentupfen und die Stiele abschneiden. Je 3 Blätter überlappend auf eine Arbeitsfläche legen, je 1 bis 2 Esslöffel Kräuter-Frischkäse darauf geben und die Blätter zu Röllchen zusammenrollen oder zu Päckchen einschlagen. Röllchen oder Päckchen mit Blütenstängeln verschließen, dafür die Löcher mit einem Zahnstocher vorstechen.

TIPP

Eine köstliche Vorspeise und der Renner auf jedem Buffet! Die Kräuter-Frischkäsecreme ist im Kühlschrank 1 bis 2 Tage haltbar.

Kichererbsenpüree (Hummus)

Zutaten für 4 Portionen

500 g	Kichererbsen
	(aus der Dose)
3	Knoblauchzehen
	Saft von 2 Zitronen
100 g	Sesampaste (Tahin,
	aus dem Glas)
4 EL	Olivenöl
4 EL	gehackte glatte
	Petersilie
	etwas gemahlener
	Kreuzkümmel und
	Chilipulver, Salz
	evtl. 4 Kopfsalatblätter
	zum Anrichten

▶ Kichererbsen abtropfen lassen, im Mixer oder mit einem Mixstab fein pürieren

▶ Knoblauch schälen, durch die Presse drücken und unterheben

▶ Zitronensaft, Sesampaste, Olivenöl und Petersilie unterheben, mit den Gewürzen abschmecken. Kichererbsenpüree nach Belieben auf Salatblättern anrichten oder auf türkisches Fladenbrot streichen.

TIPP

Diese türkische Spezialität hält sich in einem verschlossenen Gefäß einige Tage. Bei getrockneten Kichererbsen benötigen Sie 200 g. Sie müssen über Nacht eingeweicht und dann etwa 1 1/2 Stunden weich gekocht werden.

Feine Rezepte

Farfalle mit Bärlauchvinaigrette

▶ Farfalle weich kochen, für einen Salat sollen sie nicht al dente sein. Nudeln abgießen und mit kaltem Wasser abschrecken, abkühlen lassen

▶ Kirschtomaten waschen und halbieren

▶ Bärlauchblätter waschen, trockentupfen, die Stängel abschneiden, die Blätter klein hacken und mit den anderen Zutaten für die Sauce gut verrühren

▶ Die abgekühlten Farfalle gut mit der Sauce mischen und mit den Kirschtomaten und schwarzen Oliven garnieren.

TIPP

Dazu passt frischer, dünn gehobelter Parmesan. Der Salat schmeckt noch besser, wenn er einige Stunden im Kühlschrank durchzieht.

Zutaten für 4 Portionen

250 g	Farfalle (Schmetterlingsnudeln)
200 g	Kirschtomaten
	einige schwarze Oliven

Zutaten für die Sauce

40 g	Bärlauchblätter
3 EL	Balsamico-Essig
8 EL	Oliven- oder Pflanzenöl
1 EL	Mayonnaise
1 EL	Joghurt
1 EL	Tomatenketchup
	Salz oder Kräutersalz
	Pfeffer

Bärlauchgemüse Indische Art

▶ Bärlauch waschen und trockentupfen, Zwiebeln schälen und in dünne Ringe schneiden. Ingwer und Knoblauch schälen und sehr fein hacken

▶ Butterschmalz erhitzen und die Gewürze bei starker Hitze kurz anrösten, Zwiebeln, Knoblauch und Ingwer zugeben und bei mittlerer Hitze weich dünsten

▶ Bärlauch zufügen und unter vorsichtigem Rühren zusammenfallen lassen (wie Spinat), Sahne zugießen, aufkochen lassen, eventuell mit Salz abschmecken und sofort servieren.

TIPP

Bärlauch verliert beim Garen an Aroma, daher sollte er nur kurz erhitzt werden. Das Gemüse schmeckt zu Basmati-Reis oder Kartoffeln.

Zutaten für 4 Portionen

500 g	Bärlauchblätter
2	Zwiebeln
	frische Ingwerknolle, etwa 3 cm lang
1	Knoblauchzehe
2 EL	Butterschmalz
1 Msp.	Chilipulver
1/2 TL	gemahlener Kreuzkümmel (Cumin)
1/2 TL	gemahlener Kurkuma (Gelbwurz)
1/2 TL	gemahlener Koriander
200 ml	süße Sahne
	evtl. Salz

Hauptgerichte

Ravioli mit Bärlauchfüllung

Zutaten für 4 Portionen
Für den Teig

300 g	Mehl
3	Eier
1	Prise Salz
3 EL	Öl
	Mehl zum Ausrollen
1 EL	Milch
1	Eigelb zum Bestreichen

Für die Füllung

200 g	Ricotta
50-60 g	Bärlauchblätter
50 g	Parmesan
2 EL	Semmelbrösel
	Salz, Pfeffer
	Muskat
	Olivenöl für das Kochwasser

▶ Aus Mehl, Eiern, Salz und Öl einen geschmeidigen Teig kneten und abgedeckt 1 Stunde ruhen lassen

▶ Für die Füllung den Ricotta zerbröseln. Den Bärlauch waschen, trockentupfen und sehr fein hacken, den Parmesan reiben. Die vorbereiteten Zutaten und die Semmelbrösel mit einer Gabel gut vermengen, mit Salz, Pfeffer und etwas Muskat abschmecken

▶ Den Teig nochmals durchkneten und auf einem bemehlten Backbrett hauchdünn ausrollen. Mit einem Backrädchen in Quadrate von etwa 5 cm Seitenlänge schneiden oder mit einem Glas Kreise von etwa 5 cm Durchmesser ausstechen. Milch und Eigelb verquirlen, die Teigränder mit der Mischung bestreichen, je ein Häufchen der Füllung darauf setzen und Teigränder gut zusammendrücken

▶ Reichlich Salzwasser mit einem Schuss Olivenöl zum Kochen bringen und die Ravioli 3 bis 5 Minuten darin kochen. Wenn sie an die Oberfläche aufsteigen, mit dem Schaumlöffel herausheben und warm stellen.

TIPP

Dazu schmeckt eine Weißwein-Sahne-Sauce oder einfach etwas zerlassene Butter.

Feine Rezepte

Grüner Risotto

▶ Schalotten schälen und fein würfeln, Zucchini waschen, putzen und in dünne Scheiben schneiden, Speck fein würfeln

▶ Öl und Butter in einer großen Pfanne erhitzen und Schalotten mit Speck darin andünsten, bis die Schalotten etwas Farbe angenommen haben. Zucchini andünsten und den Reis zufügen

▶ Reis andünsten, bis die Körnchen gleichmäßig mit Fett überzogen sind. Weißwein zufügen, dann schöpfkellenweise unter Rühren Brühe angießen. Erst neue Flüssigkeit zugeben, wenn die vorhandene vom Reis aufgesogen ist. Den Reis in etwa 20 Minuten bissfest garen

▶ Inzwischen den Bärlauch waschen, trockentupfen, die Stiele abschneiden und die Blätter in etwa 1 cm breite Streifen schneiden

▶ Wenn der Reis gar ist, den Bärlauch unterziehen und den Risotto mit Salz und Pfeffer abschmecken

▶ Parmesan und Butterflöckchen untermischen.

Zutaten für 4 Portionen

2	Schalotten
250 g	kleine Zucchini
50 g	Speck
1 EL	Olivenöl
1 EL	Butter
400 g	Risotto-Reis
50 ml	trockener Weißwein
500 ml	heiße Brühe
100 g	Bärlauchblätter
	Salz, Pfeffer
50 g	fr. geriebener Parmesan
40 g	Butter in Flöckchen

TIPP

Risotto gelingt am besten mit speziellem Risotto-Reis (Vialone oder Arborio), einem Rundkorn-Reis, der beim Garen viel Stärke abgibt. Sie macht den Risotto schön sämig.

Feine Rezepte

Bärlauch-Kartoffel-Gratin

Zutaten für 4 Portionen

750 g	fest kochende Kartoffeln
	Salz
100 g	Bärlauch
200 g	frischer Blattspinat
2	Schalotten
40 g	Butter
	Pfeffer, Muskat
1	Eigelb
250 ml	süße Sahne
50 g	frisch geriebener
	Grano Padano
	oder Bergkäse

▶ Kartoffeln bürsten und als Pellkartoffeln in Salzwasser 20 bis 25 Minuten garen. Abkühlen lassen, pellen und in Scheiben schneiden

▶ Bärlauch und Spinat entstielen, waschen und trockentupfen, den Bärlauch in 5 mm breite Streifen schneiden. Schalotten schälen und fein würfeln

▶ 30 g Butter in einer Pfanne zerlassen. Die Schalotten darin andünsten ohne sie zu bräunen. Spinat und Bärlauch zufügen und ganz kurz unter Rühren zusammenfallen lassen, mit Salz, Pfeffer und Muskat würzen

▶ Eigelb und Sahne miteinander verquirlen und mit dem Gemüse mischen

▶ Eine Auflaufform mit der restlichen Butter fetten, Kartoffelscheiben dachziegelartig hineinlegen und die Gemüsemischung darauf verteilen. Mit dem Käse bestreuen. Das Gratin im vorgeheizten Backofen bei 200 °C etwa 15 Minuten überbacken.

Flusskrebse mit Kräutern

Zutaten für 4 Portionen

1	Schalotte
4-6	Knoblauchzehen
	Olivenöl
3 EL	Schnittlauch
	oder Schnittknoblauch
2 EL	Bärlauch
1 EL	Dill
1 EL	Petersilie oder Kerbel
1	getrocknete Peperoni
	Salz
	Saft von 1 Zitrone
100 ml	Fischfond oder
	Gemüsebrühe
200 g	Crème fraîche
20-30	Flusskrebsschwänze

▶ Schalotte und Knoblauchzehen schälen und fein würfeln. Kräuter fein hacken. Die getrocknete Peperoni fein zermörsern

▶ Öl in einem großen Topf erhitzen und Schalottenwürfel darin bei geringer Hitze weichdünsten

▶ Kräuter, Knoblauch, Peperoni, Salz und Zitronensaft hineingeben. Mit Fischfond oder Brühe angießen und die Crème fraîche unterrühren

▶ Krebsschwänze im Sud 5 bis 10 Minuten bei sehr milder Hitze ziehen lassen und servieren.

TIPP

Zu den Krebsen passt Weißbrot oder Toast.

Feine Rezepte

Doraden mit Knoblauch

Zutaten für 4 Portionen	
10-15	Knoblauchzehen
	Salz, Pfeffer aus
	der Mühle
4	mittelgroße, küchen-
	fertige Doraden (Gold-
	brassen)
	Saft von 1 Zitrone
8	Zweige Thymian
1	Bund Petersilie
	Oliven- oder Pflanzenöl
	zum Grillen

▶ Knoblauch schälen, in Scheiben schneiden und salzen

▶ Doraden abspülen, trockentupfen, außen und innen mit Zitronensaft beträufeln

▶ Fische von innen leicht salzen und pfeffern und mit je 2 Knoblauchscheiben, Thymianzweigen und Petersilie füllen

▶ Fische auf einer Seite mehrmals diagonal einschneiden und flossenartig mit den übrigen Knoblauchscheiben spicken. Mit Öl einpinseln, auf einen vorgeheizten Holzkohlen- oder Elektrogrill legen und etwa 10-15 Minuten grillen (oder unter dem Backofengrill ebenso lange grillen)

▶ Mit Zitronenachteln und Aïoli (Rezept Seite 62) servieren.

TIPP

Damit die Haut nicht auf dem Grillrost kleben bleibt, empfiehlt es sich beim Gartengrill, Fischkörbe zu benutzen.

Feine Rezepte

Poularde mit 40 Knoblauchzehen

Zutaten für 4 Portionen	
1	Poularde (etwa 1,4 kg),
	küchenfertig
	Salz, Pfeffer aus der
	Mühle
1	Bouquet garni
	(Kräutersträußchen)
6 EL	kalt gepresstes Olivenöl
4	große Knoblauchknollen
10	kleine Tomaten

▶ Huhn abspülen, trockentupfen, innen und außen salzen und pfeffern. Das Kräutersträußchen waschen, trockentupfen und ins Innere des Huhns geben

▶ Öl in einem Schmortopf erhitzen, Poularde darin von allen Seiten anbraten. Knoblauchknollen zerteilen und die ungeschälten Zehen rund um das Huhn verteilen. Die Tomaten waschen. Das Huhn bei geschlossenem Deckel etwa 1 1/2 Stunden bei 180 °C auf der zweiten Einschubleiste von unten im Backofen garen

▶ Während der letzten 15 Minuten den Deckel abnehmen und die Tomaten zufügen.

TIPP

Dazu passen Baguette oder Kartoffeln.

Adressen, Literatur

Bezugsquellen

Bärlauch und Knoblauch für den Garten

- Rühlemanns
  Kräuter & Duftpflanzen
  Auf dem Berg 166, 27367 Horstedt
  Tel.: (04288) 928558
  Fax: (04288) 928559
  E-Mail: info@ruehlemanns.de
  Internet: www.ruehlemanns.de

- Syringa-Samen
  Postfach 1147
  78245 Hilzingen-Binningen
  Tel.: (07739) 1452
  Fax: (07739) 677
  E-Mail:
  syringa-samen@hegau-shop.de
  Internet: www.syringa-samen.de

> Der historische Teil des Kapitels „Mythen und Fakten" (S. 8-17) und das Kapitel „Gesund mit Bär- und Knoblauch" stammen von Thomas Richter. Die übrigen Kapitel verfasste Claudia Boss-Teichmann.

Bärlauch- und Knoblauchprodukte

- Aurica Naturheilmittel und Naturwaren GmbH
  Püttlinger Str. 121
  66773 Schwalbach
  Tel.: (06834) 9565-0
  Fax: (06834) 9565-15
  Internet: www.aurica.de
  Bärlauch-Tabletten und -Pulver

- Herbaria Kräuterparadies GmbH
  Hagnbergstr. 12
  83730 Fischbachau
  Tel.: (08028) 90570
  Fax: (08028) 905754
  Internet: www.herbaria.de
  Bärlauchsaft, Knoblauchprodukte

- Naturprodukte Dr. Pandalis GmbH & Co. KG
  Postfach 1260
  49219 Glandorf
  Tel.: (05426) 3481
  Fax: (05426) 3482
  Internet: www.pandalis.com
  Bärlauch-Frischblatt-Granulat,
  Bärlauch-Kombi-Produkte

Literatur

- Eirich, Dietmar: Das Wald- und Wiesenkochbuch, Ludwig, München 2000.

- Holtermann, Dirk und Klemme, Birgit: Baumblättersalat. Neue Delikatessen vom Wegesrand. Walter Rau Verlag, Düsseldorf 1999.

- Messerli, Karin: Rucola, Bärlauch, Löwenzahn. Die besten Rezepte. AT Verlag, Aarau 1998.

- Niklas, Joachim: Wildgemüse: Mehr als eine gesunde Alternative. Trias, Stuttgart 1999.

- Pospisil, Edith: Knoblauch. Gesund bis in die kleinste Zehe. Gräfe und Unzer, München 1998.

- Volk, Renate und Fridhelm: Kochen mit Kräutern. Verlag Eugen Ulmer, Stuttgart 2002.

Die Deutsche Bibliothek – CIP-Einheitsaufnahme
Ein Titeldatensatz für diese Publikation ist bei Der Deutschen Bibliothek erhältlich.

Das Werk einschließlich aller seiner Teile ist urheberrechtlich geschützt. Jede Verwertung außerhalb der engen Grenzen des Urheberrechtsgesetzes ist ohne Zustimmung des Verlages unzulässig und strafbar. Das gilt insbesondere für Vervielfältigungen, Übersetzungen, Mikroverfilmungen und die Einspeicherung und Verarbeitung in elektronischen Systemen.

Haftung:
Autoren und Verlag haben sich um richtige und zuverlässige Angaben bemüht. Fehler können jedoch nicht vollständig ausgeschlossen werden. Eine Garantie für
die Richtigkeit der Angaben kann daher nicht gegeben werden. Haftung für Schäden und Unfälle wird aus keinem Rechtsgrund übernommen.

Bildquellen
Bild S. 10 aus: Hieronymus Kniphof: Lebendig Kräuterbuch; mit freundlicher Genehmigung der Stadt- und Regionalbibliothek Erfurt, Domplatz 1, 99084 Erfurt.
Das Bild auf S. 14 stammt aus dem New Kreüterbuch von Leonhart Fuchs.
Wolfgang Redeleit: S. 19, 31(li,re), 37, 39, 40
Hans Reinhard: S. 1, 5, 6/7, 8, 15, 17, 21(4), 24, 26, 28/29, 31(2.u 3.v.li), 33, 34(1), 35, 38, 41, 42, Vignette S. 46, 50, 52, 53, 55, 59
Nils Reinhard: S. 13, 46
Carsten Schröder: 23, 44/45

Fridhelm Volk: Umschlagfoto groß, Freisteller Umschlag u. S. 58, , Vignetten S. 8 +9, S. 18, 32, 56/57, 65, 69, 70, 75, 77
Ingo Wandmacher: S. 47
Zeichnung S. 43: Kerstin Heß

© 2002 Verlag Eugen Ulmer GmbH & Co.
Wollgrasweg 41, 70599 Stuttgart
E-Mail: info@ulmer.de
Internet: www.ulmer.de
Printed in Germany

Lektorat: Ina Vetter
Covergestaltung und Layout:
CYCLUS · Visuelle Kommunikation
Herstellung und DTP:
CYCLUS · Media Produktion
Druck und Bindung:
Offizin Andersen Nexö, Zwenckau

ISBN: 3-8001-3905-7

Adressen und Infos

Register

Anregungen zum Nachmachen.

Kräutergärten erfreuen sich zunehmender Beliebtheit. Das Angebot der auf Kräuter spezialisierten Gärtner ist in den letzten Jahren sehr groß geworden und viele bislang unbekannte exotische Pflanzen wurden in Kultur genommen. Fast alle Kräuter lassen sich problemlos in Töpfen kultivieren oder in größeren Behältern zu stimmungsvollen Arrangements zusammenstellen. In diesem Buch erfahren Sie alles über **neue** und natürlich auch über die **altbewährten Kräuter**, über ihre **Anzucht**, die **spezielle Pflege** auf dem Balkon und im Zimmer, ihre **Vermehrung und Ernte**. Darüber hinaus finden Sie auch **Gestaltungsbeispiele** und **viele Rezepte**.

Der Kräutergarten auf Balkon und Terrasse. M. Wiegele. 2000. 96 Seiten, 76 Farbfotos, 20 Zeichn. ISBN 3-8001-3135-8.

Der Ratgeber befasst sich vor allem mit der richtigen **Verwendung** von Stauden und erprobten Kombinationen. Außerdem erhalten Sie Schritt-für-Schritt Erklärungen zur gelungenen Pflanzung. Zu jedem Themenbereich, ob Stauden für den Schatten, Stauden für den Teichrand oder für den Steingarten, Stauden mit leuchtender Herbstfärbung oder schönem Fruchtschmuck, finden sich **praktische Tabellen**. Das besondere Augenmerk wird auf **gelungene Beispiele aus der Praxis** gelegt.

Abschließend werden im Buch ausgewählte Stauden vorgestellt, die weniger bekannt oder ganz einfach **besonders faszinierend** sind.

Stauden im Garten. D. Böswirth, A. Thinschmidt. 2000. 96 Seiten, 94 Farbfotos, 16 Zeichnungen. ISBN 3-8001-3137-4.

Als knappes und präzises **Nachschlagewerk** und als **Aussaat- und Arbeitskalender** für den Biogarten hat dieses Buch seine Nützlichkeit schon vielfach bewiesen.

Alle Themen, ob Bodenbearbeitung oder Düngung, der biologische Pflanzenschutz oder die Mischkultur, wurden für diese 3. Auflage gründlich überarbeitet und auf den neuesten Stand der Dinge gebracht. Eine rundum **neue Ausstattung**, **neue Fotos**, **Zeichnungen** und ein **neues Layout** unterstreichen den hohen Stellenwert dieses Taschenbuchs und machen es zu einem sehr attraktiven Angebot.

Das Jahr im Biogarten mit Aussaat- und Arbeitskalender. R. Eichenberger, S. Henggeler. 3. Auflage 2002. Etwa 128 Seiten, 105 Farbfotos, 15 Zeichnungen. ISBN 3-8001-3896-4.